FLORESTA~ESCOLA

UMA MUVUCA DE PRÁTICAS EDUCATIVAS DESEMPAREDADAS

Editora Appris Ltda.
1.ª Edição - Copyright© 2025 dos autores
Direitos de Edição Reservados à Editora Appris Ltda.

Nenhuma parte desta obra poderá ser utilizada indevidamente, sem estar de acordo com a Lei nº 9.610/98. Se incorreções forem encontradas, serão de exclusiva responsabilidade de seus organizadores. Foi realizado o Depósito Legal na Fundação Biblioteca Nacional, de acordo com as Leis nos 10.994, de 14/12/2004, e 12.192, de 14/01/2010.

Catalogação na Fonte
Elaborado por: Josefina A. S. Guedes
Bibliotecária CRB 9/870

C957f
2025
	Cruz, Rafael Branco
	  Floresta~Escola: uma muvuca de práticas educativas desemparedadas / Rafael Branco Cruz. – 1. ed. – Curitiba: Appris, 2025.
	  210 p. ; 23 cm. – (Educação, tecnologias e transdisciplinaridade).
	
	  Inclui referências.
	  ISBN 978-65-250-7699-7
	
	  1. Educação. 2. Natureza. 3. Prática de ensino. 4. Crianças - Pesquisa. I. Título. II. Série.
	
	<div align="right">CDD – 371</div>

Livro de acordo com a normalização técnica da ABNT

Appris
editora

Editora e Livraria Appris Ltda.
Av. Manoel Ribas, 2265 – Mercês
Curitiba/PR – CEP: 80810-002
Tel. (41) 3156 - 4731
www.editoraappris.com.br

Printed in Brazil
Impresso no Brasil

Rafael Branco Cruz

FLORESTA~ESCOLA

UMA MUVUCA DE PRÁTICAS EDUCATIVAS DESEMPAREDADAS

Appris editora

Curitiba, PR
2025

FICHA TÉCNICA

EDITORIAL	Augusto Coelho
	Sara C. de Andrade Coelho
COMITÊ EDITORIAL E CONSULTORIAS	Ana El Achkar (Universo/RJ)
	Andréa Barbosa Gouveia (UFPR)
	Antonio Evangelista de Souza Netto (PUC-SP)
	Belinda Cunha (UFPB)
	Délton Winter de Carvalho (FMP)
	Edson da Silva (UFVJM)
	Eliete Correia dos Santos (UEPB)
	Erineu Foerste (Ufes)
	Fabiano Santos (UERJ-IESP)
	Francinete Fernandes de Sousa (UEPB)
	Francisco Carlos Duarte (PUCPR)
	Francisco de Assis (Fiam-Faam-SP-Brasil)
	Gláucia Figueiredo (UNIPAMPA/ UDELAR)
	Jacques de Lima Ferreira (UNOESC)
	Jean Carlos Gonçalves (UFPR)
	José Wálter Nunes (UnB)
	Junia de Vilhena (PUC-RIO)
	Lucas Mesquita (UNILA)
	Márcia Gonçalves (Unitau)
	Maria Margarida de Andrade (Umack)
	Marilda A. Behrens (PUCPR)
	Marília Andrade Torales Campos (UFPR)
	Marli C. de Andrade
	Patrícia L. Torres (PUCPR)
	Paula Costa Mosca Macedo (UNIFESP)
	Ramon Blanco (UNILA)
	Roberta Ecleide Kelly (NEPE)
	Roque Ismael da Costa Güllich (UFFS)
	Sergio Gomes (UFRJ)
	Tiago Gagliano Pinto Alberto (PUCPR)
	Toni Reis (UP)
	Valdomiro de Oliveira (UFPR)
SUPERVISORA EDITORIAL	Renata C. Lopes
PRODUÇÃO EDITORIAL	Sabrina Costa da Silva
REVISÃO	Natalia Lotz Mendes
DIAGRAMAÇÃO	Bruno Ferreira Nascimento
CAPA	Rafael Branco Cruz
	Mateus Porfírio
REPRESENTAÇÕES GRÁFICAS	Natália Gomes Andrade
REVISÃO DE PROVA	William Rodrigues

COMITÊ CIENTÍFICO DA COLEÇÃO EDUCAÇÃO, TECNOLOGIAS E TRANSDISCIPLINARIDADE

DIREÇÃO CIENTÍFICA	Dr.ª Marilda A. Behrens (PUCPR)	Dr.ª Patrícia L. Torres (PUCPR)
CONSULTORES	Dr.ª Ademilde Silveira Sartori (Udesc)	Dr.ª Iara Cordeiro de Melo Franco (PUC Minas)
	Dr. Ángel H. Facundo (Univ. Externado de Colômbia)	Dr. João Augusto Mattar Neto (PUC-SP)
	Dr.ª Ariana Maria de Almeida Matos Cosme (Universidade do Porto/Portugal)	Dr. José Manuel Moran Costas (Universidade Anhembi Morumbi)
	Dr. Artieres Estevão Romeiro (Universidade Técnica Particular de Loja-Equador)	Dr.ª Lúcia Amante (Univ. Aberta-Portugal)
	Dr. Bento Duarte da Silva (Universidade do Minho/Portugal)	Dr.ª Lucia Maria Martins Giraffa (PUCRS)
	Dr. Claudio Rama (Univ. de la Empresa-Uruguai)	Dr. Marco Antonio da Silva (Uerj)
	Dr.ª Cristiane de Oliveira Busato Smith (Arizona State University /EUA)	Dr.ª Maria Altina da Silva Ramos (Universidade do Minho-Portugal)
	Dr.ª Dulce Márcia Cruz (Ufsc)	Dr.ª Maria Joana Mader Joaquim (HC-UFPR)
	Dr.ª Edméa Santos (Uerj)	Dr. Reginaldo Rodrigues da Costa (PUCPR)
	Dr.ª Eliane Schlemmer (Unisinos)	Dr. Ricardo Antunes de Sá (UFPR)
	Dr.ª Ercilia Maria Angeli Teixeira de Paula (UEM)	Dr.ª Romilda Teodora Ens (PUCPR)
	Dr.ª Evelise Maria Labatut Portilho (PUCPR)	Dr. Rui Trindade (Univ. do Porto-Portugal)
	Dr.ª Evelyn de Almeida Orlando (PUCPR)	Dr.ª Sonia Ana Charchut Leszczynski (UTFPR)
	Dr. Francisco Antonio Pereira Fialho (Ufsc)	Dr.ª Vani Moreira Kenski (USP)
	Dr.ª Fabiane Oliveira (PUCPR)	

AGRADECIMENTOS

Por vezes ouvimos que "a produção acadêmica é uma trilha solitária". Há, sim, momentos em que precisamos estar a sós para decidirmos o que fica e o que sai de nossa pesquisa ou texto final. No entanto, a pesquisa nas Ciências Humanas não é feita por uma pessoa só; ela é fruto de diálogos, trocas, reuniões, encontros e convivências, ou seja, é feita em grupo, em coletivo! No desenvolvimento da pesquisa aqui apresentada em formato de livro, fui acompanhado de pessoas que me inspiraram, me orientaram e me influenciaram diretamente nessa jornada. A elas, deixo registrado aqui um agradecimento profundo. E não são poucas pessoas...

Primeiramente, agradeço à Brenda Coelho Fonseca, minha companheira de vida, que investiu nesta parceria e, se calhar, poderia até figurar como "coautora" deste trabalho, por tanto ler, reler, revisar, corrigir, ajustar, opinar e refletir, atravessando noites entre amamentação da pequena Lis e a tela do computador. És minha fonte de luz, és guerreira, mulher forte e sábia. Gratidão imensa. Aproveito para estender esse agradecimento inicial à pequena Lis, a quem também dedico esta publicação. Desde tão pequena, ela me inspirou a buscar, reconhecer e entender os caminhos das infâncias e as relações com a Natureza de um modo brincante, poético e transformador. Lis sempre me ensinou muito sobre a vida, a verdade e o futuro, pois vive intensamente.

Quero agradecer também ao professor Levindo Diniz Carvalho, meu orientador de mestrado, que, com sua simpatia, elegância e sensibilidade, sempre me atendeu nos mais improváveis momentos, trazendo a serenidade necessária para a conclusão deste trabalho. Suas contribuições valiosas fizeram com que esta pesquisa fosse laureada com os prêmios de Excelência e Mérito Acadêmico conferido pelo Instituto Universitário de Lisboa (ISCTE-IUL).

Agradeço à professora Sandra Mateus, em nome de todos os docentes do curso de Mestrado em Educação e Sociedade do ISCTE-IUL.

Quero agradecer imensamente ao carinho e à atenção da professora Lea Tiriba, que foi arguente deste trabalho e que hoje é minha orientadora de doutorado. Estendo este agradecimento a todas as colegas do Grupo de Pesquisa Infâncias Tradições Ancestrais e Cultura Ambiental (GiTaKa/Unirio), que vêm fazendo um trabalho coerente e valioso para as infâncias no planeta.

Agradeço também à Fundação Coordenação de Aperfeiçoamento de Pessoal de Nível Superior (Capes), pois sem a bolsa de doutorado não seria possível dedicar tantas horas para a revisão do trabalho original e chegar na versão final deste livro. Estendo este agradecimento à coordenação do Programa de Pós-Graduação da Unirio (PPGEdu), pela compreensão, pelo carinho e pelo excelente trabalho prestado em prol da educação brasileira.

Ao meu avô, o professor Haroldo Carvalho Cruz, por ter plantado a floresta da minha infância, e ao meu pai, Haroldo Carvalho Cruz Junior, por ter investido na minha jornada.

À Edila Coelho, por arrancar gargalhadas sonoras da Lis enquanto eu escrevia.

À Silvia Coelho, pelas traduções das inúmeras versões do *Abstract*. Gratidão, tia rica!

À Tâmisa Caduda, também conhecida como Dindinha, pelo carinho e amor para com a pequena Lis. Esse afeto é pulsação de alegria que permite ambientes confortáveis para a criação de vida (e de um livro...).

Às colegas de equipe do projeto Escola da Floresta Bloom: Joana Barroso, Filipa Meireles, Mariana Pimentel, Margarida Pedrosa, Magda Morbey, Carolina Allegro e, em especial, Mónica Franco, pela confiança e carinho, por tantas risadas em momentos tão sérios. Vocês são as maiores guardiãs das florestas de sempre! Sem vocês, este livro realmente não seria possível.

À professora Anabela Marques, pela sua atenção e generosidade, em nome de toda equipe de educadoras da Escola Básica da Várzea de Sintra e aos encarregados de educação das crianças. Os depoimentos da professora Anabela foram imprescindíveis para as análises dos dados do campo.

A todas as crianças que participaram do projeto da Escola da Floresta Bloom, em especial àquelas que fizeram questão de participar da pesquisa de forma mais direta.

Aos funcionários da Quintinha de Monserrate: senhor António e Vanessa.

Ao Rafael Betencourt, xará camarada quem me apresentou a oportunidade da formação em Forest School.

Ao Patrick Harrison, formador e inspirador quem me levou a perceber a floresta como escola, como educadora e como estilo de vida.

Às colegas da Associação Escola da Floresta – Forest School Portugal, pela empreitada de expandir a prática pelo território português com o intuito de que se transforme em *modo* de vida e não simplesmente *moda*.

À equipe do Colégio UBM dos anos de 2017 a 2021.

Aos amigos que, de alguma forma, me acolheram, revisaram meus textos e tomaram uns copos comigo enquanto refletíamos sobre os problemas e as questões que se desdobraram neste caminho, nomeadamente: professor José Pacheco, professor João Barroso, Maria Agraciada, Dael Oliveira, Jamile Whately, Frankão, Filipa, Clarissinha (Cabeça), Joana Pinto, Gabriela Bento, Adriano Nogueira, João Costa, Vanessa Aires, Gisela Dias, Hugo Trança, Fabiana Fragagnano, Débora da Venda, Ana Dente, Henrique Janeiro, Joaquim, Kursten, Inês Pinheiro, Ana Letícia Penedo, Wanessa Quintiliano, Laís e Willian Medeiros.

Também deixo um sincero agradecimento à Dani Benício e toda a equipe da Pedagogia para Liberdade, que, por meio do Curso de Extensão Vivência Formativa em Floresta-Escola, permitiu que a chama permanecesse viva e a pesquisa continuasse. Não poderia deixar de registrar meu agradecimento à Mariana Benchimol, que, a partir de sua pesquisa e prática, compôs comigo as vivências imersivas e a construção disso que chamo hoje de Floresta~Escola.

Aos inspiradores que compõem o time da Vivência Formativa em Floresta~Escola: William Medeiros, Ana Letícia Penedo, Mônica Passarinho, Catalina Chlapowski, Rafael Betencourt, Bruna Rodrigues e Mónica Franco, deixo um enorme agradecimento.

Ao movimento dos Quintais Brincantes, por me inspirar e abrir portais mágicos.

Ao querido amigo Thiago Cascabulho, um grande parceiro de trabalho que há décadas me inspira com suas poesias e narrativas. A partir da poética do Casca, como carinhosamente o chamamos, fizemos o entortamento do hífen para o til na grafia de Floresta~Escola, trazendo um outro sentido para o conceito.

À professora Juliana Lessa, pela leitura atenta, criativa e provocativa dos primeiros capítulos do manuscrito. As horas dedicadas a apreciar cada palavra, além de contribuir com as ideias editoriais, fizeram desta edição a elegância coesa e fluida que o leitor tem em mãos.

Por fim, à grande mestra educadora, a Mãe Natureza e todos os seres anímicos que com ela vivem e nos dão a oportunidade de viver.

À Lis,
por me ter inspirado muito antes de existir.
À Brenda,
por existir e me inspirar sempre.

APRESENTAÇÃO

Um dia, eu pensei que pudesse construir uma escola dentro de uma floresta.

Outro dia, eu entendi que a escola já estava plantada.

Por fim, eu aprendi com a sabedoria das educadoras e elas me regalaram suas folhas, flores, frutos, pelos e penas, ventos e sonhos, amores e afetos.

Foi aí, nesse dia, que este livro começou a ser construído.

A Floresta~Escola é um embornal com uma muvuca de abordagens educativas.

Embornal é uma bolsa a tiracolo usada normalmente pelas populações originárias, tradicionais e ligadas ao campo para carregar sementes, grãos, ferramentas e pequenos objetos em suas viagens ou incursões na mata.

Muvuca é uma técnica de semeadura ancestral indígena que consiste em reunir um conjunto grande e diverso de sementes a serem lançadas na terra a fim de criar diversidade biocultural (Merçon et al., 2019), dando vida a uma agrofloresta.

É desse modo que, atualmente, venho definindo o conceito de Floresta~Escola em território brasileiro. O texto que agora publico revisto e atualizado em livro foi o escrito entre os anos de 2018 e 2019 no contexto de mestrado em Educação e Sociedade no Instituto Universitário de Lisboa em Portugal (ISCTE-IUL). Ele apresenta um retrato do início da sistematização dos conhecimentos que fui colhendo entre 2015 e 2020 sobre o assunto. O texto inicial foi escrito em português de Portugal, em Portugal e, portanto, para um público português. O livro que o leitor tem em mãos é uma versão revista e ampliada para os leitores brasileiros, editado no Brasil e com debates atualizados e alargados com dados e pesquisas sobre o Brasil. Durante o texto, vamos percebendo um "bate-bola" entre referências luso e brasileiras e diferentes matizes, hora lá, hora cá.

Ao longo de quase uma década pesquisando os campos da educação, infância e natureza, algumas sementes germinaram. Fui coletando ideias-semente, conceitos-semente e relações-semente em cada ecossistema de aprendizagem (Maia, 2019) que percorri. Como educador, pesquisador e coordenador de formações sobre o assunto, fui semeando ideias, conceitos e relações. Hoje, no momento em que escrevo a apresentação deste livro, eu reconheço dezenas de projetos, pessoas e grupos que aliam, reivindicam e comungam coletivamente desse movimento. Muitos deles não existiam ou eu não os conhecia quando escrevi a primeira versão desta pesquisa, por isso, sinto que tive nesta edição a chance de evocá-los e reivindicá-los como os representantes brasileiros desse debate.

A Floresta~Escola é o **embornal** de onde tiramos nosso repertório brincante, as cantigas, os métodos, as abordagens, as confluências e os maravilhamentos quando estamos em campo entre crianças, adultos e Natureza[1] em *contexto* educativo. A Natureza, nesse caso, não é o contexto; é uma parente, é sujeita, é ser, ou melhor, seres, em coletivo. Ela está em relação de modo ativo, propondo, agindo, intervindo e construindo afetos. Uma fala que ouvi repetidas vezes na voz da professora Mônica Passarinho é que "a Natureza detém sabedoria, portanto, é mestra". O **contexto** é educativo, mas não exclusivamente escolar. Dessa forma, ele também pode ser (e estar) nas microrrelações familiares, coletivas, comunitárias, assistencialistas, terapêuticas etc. Floresta~Escola, apesar do nome, se faz, sobretudo, fora das paredes da escola. Os estudos em torno da Floresta~Escola se dedicam a pesquisar o "hífen" (que há um ano venho grafando com o "~")[2]. Parto da premissa que Escola são pessoas e que Floresta é, entre outros sentidos, uma sujeita de direitos. Portanto, cabe-nos observar a relação, o *entre*, o meio, a fresta, os meandros. O que acontece quando crianças, adultos e Natureza se relacionam em contexto educativo? É sobre isso que trata este livro.

Há uma ideia sobre a origem da vida no planeta que diz que a vida se organizou e precisou se adaptar de acordo com o ambiente, construindo sua resiliência e adaptabilidade inerente a todos os modos de vida. Uma outra ideia, que me atrai mais, é que, por outro lado, a origem da vida se deu no momento em que os micro-organismos começam a *construir* o ambiente para que a própria vida se mantenha e se recrie. Desde então, todos seres viventes vivem movidos pelo propósito de construir permanentemente o ambiente propício para sua permanência e reprodução. Para mim, isso faz muito sentido. Sinto que estou criando e construindo o ambiente em que eu possa sobreviver. Passando horas ou dias na floresta, consegui perceber nitidamente esse processo de autopoieses da vida, como nos diz Varela e Maturana em seus escritos. Mas essa capacidade de criar ambientes, tanto micro quanto macro, está cada vez mais esquecida e deixada de lado pelas populações urbanas, causando a consequente destruição desenfreada do planeta.

O nome dado para algo que cresce, se multiplica e consome todos os recursos à sua volta desenfreadamente num ambiente com recursos finitos é câncer. Podemos fazer uma desagradável comparação, mas necessária reflexão, entre essa doença terrível e o modelo patriarcal-urbano-capitalista-industrial-eurocentrado de civilização. Minha mãe, Rosenília Branco, morreu vítima de um câncer de mama em 2005. Para mim, não é uma metáfora ver a mãe Terra adoecida, sendo devorada pelos seres comedores de mundo. Eu vi o processo de degradação do corpo de minha mãe e o seu colapso. Agora, vejo o que acontece à Mãe Terra e me entristeço igual.

Para mim, a Floresta~Escola representa este modo de saber (e continuar a) construir um ambiente, seja físico ou afetivo, para o desenvolvimento e a permanência da vida nesse contexto de emergência planetária. Muitas vezes afirmei, nos cursos e formações que coordenei, que esse conceito é inspirado na observação e no estudo das comunidades ancestrais, bem como dos povos originários e tradicionais, principalmente dos territórios do sul global. Ele está voltado, sobretudo, para as pessoas em contexto urbano, desconectadas da natureza, envoltas em sistemas, cismas e "quizilas" com os seres não humanos. As sementes desse embornal estão quebrando a dormência permanentemente e fazendo da Floresta~Escola um conceito emergente no Brasil. Estamos, de algum modo, construindo o ambiente para que a educação desemparedada se crie, permaneça viva e, consequentemente, opere para que a vida no (e do) planeta não seja extinta (Tiriba, 2018).

O nome importa, e a forma como nomeamos as coisas também. Conheci o conceito de Forest School em Portugal em 2017, período em que esse movimento com origem nórdica e difundido no Reino Unido entre os anos de 1960/1970 começou a tomar corpo no mediterrâneo e outras partes do planeta. Em terras lusitanas, traduziu-se Forest School como Escola da Floresta. Na ocasião da criação e fundação da Associação Escolas da Floresta – Forest School Portugal, em 2017, insisti com minhas colegas que traduzíssemos o termo Forest School para português como Floresta Escola, ainda sem hífen, mas fui voto vencido nas instâncias democráticas. No momento em que escrevo estas palavras, essa associação completa sete anos de muito trabalho dedicado ao assunto.

Percebi que o modo de habitar colonial (Ferdinand, 2022) me batia à porta, então, por coerência, precisei me esquivar dele de algum modo. Parei e refleti sobre algo como "é assim, sistematicamente, que os europeus acham que educar na/para/com e pela Natureza se faz? E como pensam e agem os povos originários do Brasil? Será que pensam diferente? Como pensam/constroem essas relações?". Então, insisti em trabalhar e desenvolver esse conceito e me voltei para os países andinos e amazônicos, reconhecendo as definições de centenas de povos indígenas das Américas ao que ocidentalmente é conhecido como Natureza e, ainda para o que chamam de território Abya Yala, Pachamama, Pindorama etc. Um breve estudo sobre a construção da Natureza como sujeito de direitos no Equador e na Bolívia é trazido no primeiro capítulo deste livro. Foi numa audiência com o renomado professor português João Barroso que aderi ao hífen, de modo a salvaguardar a semântica de cada substantivo, reconhecendo, desse modo, a Floresta como sujeita de direitos e a Escola feita por pessoas. E foi assim, Floresta-Escola, que constou no título original deste trabalho, que hoje é apresentado em formato de livro, transformado e atualizado.

A substituição do hífen pelo til me foi soprada nas alargadas conversas com o amigo e parceiro de criação, criador da Escola Douradinho, o autor e escritor Thiago Cascabulho, em 2024, sugerindo que faria sentido trazer essa grafia curvada e ondulada para entre as palavras, pois é mais sugestivo ao que proponho e, portanto, define melhor o que eu tentava expressar epistemologicamente. Aderi prontamente! Gratidão por isso, camarada!

Na grafia de Floresta~Escola, o til representa o movimento, como os meandros dos rios, as raízes e estruturas das árvores, como os fluxos de vento, sangue, vasos e veias corporais. Natália Gomes Andrade, então aluna do Curso de Extensão Vivências Formativas em Floresta-Escola,[3] em 2024, e hoje querida amiga e que inspirou o projeto gráfico deste livro, trouxe-nos numa das aulas a apresentação desse debate de modo bastante poético e visual. Fazendo uma aproximação do conceito de *tempo espiralar* desenvolvido por Leda Maria Martins (2021) e as preposições que compunham o título original deste trabalho, "Práticas educativas na/para/com e pela Natureza", Natália destacou uma passagem do livro *Performances do tempo espiralar: poéticas do corpo-tela* (Martins, 2021), quando a autora escreve:

> Em tudo que fazemos, expressamos o que somos, o que nos pulsiona, o que nos forma, o que nos torna agregados a um grupo, conjunto, comunidade, cultura e sociedade. Nossos mínimos gestos e olhares, as eleições de nosso paladar e olfato, nossa auscultação e respostas aos sons, nossa vibração corporal, nossos torneios de linguagem, nossos modos e meios de experimentar e interrogar o cosmos, nossa sensibilidade; enfim, em tudo que somos, e nos modos como somos, respondemos a cosmospercepções que nos constituem. Respondemos também a concepções de tempo e de temporalidades, tanto em nossos rituais do cotidiano quanto nas produções culturais que as manifestam (p. 21-22).

De fato, o que nos pulsiona, nos molda e nos conecta com outros seres nos faz também fluxo, caminho, ondas tortuosas e imprecisas. Nossa cultura não é linear como o hífen. Portanto, arrisco a dizer que Natureza~cultura, com til, se faz conectivo plural e sistêmico como regra gramatical. É desse modo que vejo esse sinal entre as palavras Floresta e Escola. A grafia de Floresta~Escola, antes escrita com hífen e agora posta com o sinal de "til", evidencia o percurso cotidiano e os meandros da pesquisa em torno desse conceito. À medida que fui desenvolvendo a abordagem prática, fui percebendo a necessidade de encontrar modos de nomeá-la. Portanto, é dessa maneira que as leitoras e leitores encontrarão posto neste livro.

Quero destacar que neste texto de apresentação, o que chamo hoje de Floresta~Escola está em atualização e desenvolvimento permanente. Este livro dá conta de trazer o início da minha pesquisa e que considero válido publicar nestas páginas, mas a coisa tem andado e espero trazer os novos desdobramentos de acordo com os tempos espiralares.

Nos anos de 2023 e 2024, coordenei o curso de extensão acadêmica Vivências Formativas em Floresta~Escola (UniBF/PPL). Cabe destacar desse processo que, a partir das duas vivências formativas imersivas desse curso, realizado em sítios florestados no Rio de Janeiro e em São Paulo, foi possível observar um conjunto de potencialidades dos repertórios brincantes brasileiros e artísticos para uma formação pedagógica comprometida com a ecologia e com a ancestralidade do nosso território brasileiro. As vivências imersivas em questão foram construídas e elaboradas numa parceria frutífera entre mim e a pesquisadora brincante Mariana Benchimol (GiTaKa/Unirio). Propusemos que esse espaço fosse um laboratório de práticas atelierísticas e brincantes, criando um repertório formativo aos participantes. A sequência narrativa das vivências teve como mote o tema "a manutenção da vida no planeta" (Krenak, 2019) e percorreu a seguinte questão: *como podemos desenvolver oportunidades para termos práticas educativas mais conectadas com a natureza?* Essa questão, ainda que tenha chegado depois do período da pesquisa para o livro, de algum modo, atravessa os capítulos. Poderemos encontrar pistas nos eixos apresentados nos Capítulos 3 e 4, principalmente quando discutimos a prática educativa como ponte entre a floresta e a escola.

Benchimol tem um projeto pessoal inspirador, o Ateliê da Floresta, que é uma pesquisa-prática com arte, natureza e brincar, que atua junto à formação de educadoras(es), crianças e público em geral. A partir do diálogo entre os nossos projetos, o Ateliê da Floresta e a Floresta~Escola, desenvolvemos um trabalho com as seguintes inspirações: 1) folguedos populares brasileiros e as brincadeiras cantadas e de roda (Pereira, 2019); 2) brinquedos naturais que despertam conhecimento sobre a natureza (Adelsin, 2014); 3) produção de materiais escolares ecológicos e artesanais; 4) metodologia contracolonial teórico-brincante (Cavalieri; Mello; Tiriba, 2022); 5) Quintais Brincantes brasileiros (MQB, 2022); 6) Sharing Nature (Cornell, 2008); 7) *Shirin-yoku*, banhos de floresta japoneses (Clifford, 2018); 8) Forest School (Knigth, 2013); e 9) técnicas artísticas naturais (impressões botânicas, desenhos e bordados).

Essas são algumas das sementes que hoje compõe este embornal carregado a tira colo quando vou a campo com as crianças e com os adultos. Mari e eu percebemos que a maioria das participantes considerou a formação ministrada por nós como de extrema relevância, fortalecendo os processos de escuta junto a crianças, a construção da autonomia, o compromisso pró-ecológico, planetário e sistêmico, a ampliação de repertórios brincantes, ecológicos e culturais, a conexão com as culturas originárias e tradicionais do país, entre outros.

Escrevo esta apresentação num momento em que o Brasil registra as piores queimadas da história, as mais altas temperaturas já registradas no centro-oeste, sudeste e norte brasileiro. Escrevo num período de inverno/início da primavera de 2024, quando uma continental nuvem de fumaça encobriu o país de norte a sul, de leste a oeste, quando as capitais brasileiras registraram os piores índices de qualidade do ar e marcaram o primeiro lugar no ranking de cidades mais poluídas do planeta. Isso não se pode ignorar. Como constantemente afirmado pela professora Lea Tiriba em suas falas, fazendo referência aos povos da América Latina e Caribe: nosso planeta, nesse tempo, está em candelas. Curioso. Pois, isso também se passava em 2018, quando escrevi o texto original em Portugal. Aquele país estava em chamas, como destaco nas palavras finais do livro e, por outro lado, o litoral brasileiro era tomado por óleo despejado por um navio misterioso. Como se tivessem colocado fluido numa grande tocha pindorâmica. Parafraseando Gilberto Gil, não basta manter de pé o que resta, é preciso plantar floresta. Por fim, afirmo que para ter Floresta~Escola, é preciso ter floresta. Para que o céu não caia em nossas cabeças, é preciso ter floresta, mas não só. É preciso garantir às infâncias um contexto saudável e alegre de viver em harmonia e cooperação com os seres não humanos. Espero contribuir com algumas propostas.

Finalizo esta apresentação fazendo menção a um trabalho coletivo construído durante anos no seio do Grupo de Pesquisa Infâncias Tradições Ancestrais e Cultura Ambiental (GiTaKa/Unirio), coordenado pela professora Lea Tiriba, e que integro como doutorando em Educação (bolsista Capes) e pesquisador. No período eleitoral de 2024, organizamos uma carta-compromisso, assinada por dezenas de grupos, indivíduos, projetos, organizações, instituições, universidades e movimentos sociais, destinada a candidaturas de vereadores e prefeitos que assumiram em 2025, ano que este livro vai pra rua. Senti ser oportuno transcrever a carta na íntegra, como um convite aos leitores e leitoras que assumam também esse compromisso, neste tempo de agora, pois ainda que passe o período eleitoral, o conteúdo do texto da carta estará e será sempre pertinente num contexto de emergência planetária, no qual as infâncias são as primeiras a serem afetadas.

A carta foi intitulada *Em defesa da terra, pelo direito das crianças a viver em territórios íntegros e a brincar-pesquisar ao ar livre, em espaços físicos naturais qualificados* (2024).

Carta Aberta à sociedade e a candidatas/os às eleições municipais de 2024

No contexto de grave crise climática que assola o planeta, necessitamos da construção de um campo da ecologia política que inclua as crianças como absoluta prioridade, garantindo a elas o "direito ao meio ambiente ecologicamente equilibrado, bem de uso comum do povo e essencial à sadia qualidade de vida" (Constituição Brasileira, 1988, Arts. 225 e 227).

A lei afirma as crianças brasileiras como cidadãs de direitos, mas, no dia a dia da vida, são vítimas de políticas excludentes, vivenciam situações de injustiça ambiental, vivem a quase impossibilidade de circularem pelas cidades. E, nas escolas, são submetidas a um cotidiano de emparedamento. A situação é ainda mais grave se considerarmos a realidade de milhões de crianças brasileiras para quem a escola pública se constitui como o único lugar de que dispõem para brincar: são crianças pobres e pretas totalmente privadas de acesso à espaços verdes, bens e serviços ambientais, que vivem nas periferias das grandes cidades, ou em áreas de sacrifício do capitalismo, vítimas de racismo ambiental.

A não liberdade de movimentos em relação aos espaços circundantes – do bairro, da cidade, da escola – gera carência de afetação, reduz as possibilidades de cognição, cria as condições para a tristeza, para a subserviência, para a submissão aos interesse de um modelo de desenvolvimento interessado na saúde do mercado, não na integridade da vida.

A consciência de que as crianças são a esperança de um mundo em que seja bom existir nos convoca a apontar perspectivas socioambientais/educacionais/curriculares orientadas pela ética do cuidado de si, das sociedades, das demais formas de vida que habitam o planeta, não apenas a humana.

As crianças são a espécie que se renova na Terra. Elas são seres orgânico-culturais que existem em estado de interconexão com tudo que existe, com o cosmos. Assim, afeto, desejo, potência ou impotência de agir, alegria ou tristeza, são vitalidades que se materializam em espaços de céu, terra e água e configuram processos criativos, sensitivos, artísticos, corporais. Vivam no campo, ou na cidade, em territórios indígenas ou tradicionais, elas aprendem de corpo inteiro. Para crescerem como seres alegres, potentes, que se responsabilizem pelo cuidado com a Terra, são fundamentais princípios e práticas de viver e de educar que alimentem a sua biofilia: assegurem a proximidade de tudo que é vivo e afirmem a liberdade de movimento-pensamento como essencial à plenitude da vida.

Garantir o respeito às diferenças físicas e mentais, de idade, raça, etnia, gênero, credo e classe, implica na oferta de creches, pré-escolas e escolas públicas gratuitas, orientadas por pedagogias que superem o histórico processo de emparedamento de corpos e mentes. Se é na escola que as crianças passam grande parte do tempo, é necessário assegurar, na vida cotidiana de todas elas, desde bebês, o direito de circular, brincar e pesquisar em territórios de liberdade, com segurança. Assim, territórios escolares emparedados devem dar lugar a espaços que garantam áreas verdes, sol, céu, areia, terra, árvores, água, grama, flores, frutos, animais.

O desafio da preservação da Terra não se enfrenta apenas - nem fundamentalmente - no plano reflexivo, mas depende de ações concretas, comprometidas com a democracia multiespécies, com a cidadania e a florestania.

Nesta perspectiva, propomos políticas públicas que, atentando para uma relação ecológica com a vida, assegurem:

1. **Espaços ao ar livre e naturais** que correspondam a, pelo menos, 40% do total da área construída da escola, destinados a bebês e crianças, excluindo-se desse percentual áreas de estacionamento, lavanderia, depósitos etc.
2. **Tempo** mínimo de ¼ (um quarto) da rotina pedagógica dedicadas às interações multietárias e multiespécies em espaços externos.
3. Áreas sombreadas por meios naturais, com proteção solar;
4. **Suspensão de compra de brinquedos de plástico** para parques escolares; e fomento a projetos pedagógicos que propo-

nham e promovam a redução do uso de plástico no cotidiano das escolas.

5. **Remoção total ou parcial de concreto, brita, grama sintética** e de outros elementos que impeçam o contato dos bebês e crianças com pisos naturais e ambientes de terra, céu, sol, vento e água.

6. **Verdejamento dos parques educativos,** com brinquedos em material natural acessível (madeiras, bambu, terra, vento, sol, pedras, areia etc.); canteiros, jardins e hortas; plantio de árvores e de miniflorestas priorizando espécies nativas.

7. **Fomento de formações político-pedagógicas** voltadas às/aos profissionais da educação que questionem/transformem cotidianos emparedados e fundamentem e qualifiquem relações educativas em ambientes naturais e ao ar livre.

8. **Articulação entre órgãos públicos** voltados para saúde, educação, meio ambiente, cultura, esporte, lazer, assistência social, segurança pública e infraestrutura para implementação de políticas que assegurem a saúde integral da população, principalmente das crianças, com a criação e manutenção, em toda a cidade, de áreas verdes e equipamentos inclusivos que privilegiem o brincar em conexão com a natureza.

Escolas não são apenas salas, móveis, utensílios, materiais! O que transforma essa estrutura física em espaços-tempos são as tessituras de solidariedade e de convivência das crianças com parceiros humanos mais experientes e com todos seres viventes, com o cosmos.

Convidamos todas/os/es que se aliam à luta pela preservação da Terra, pela democracia e soberania dos nossos povos originários e tradicionais, a firmar o compromisso pela beleza e força da vida, em defesa das infâncias!

A todas, todos e todes, desejo que façam uma boa leitura do livro e espalhem essas sementes por aí!

PREFÁCIO
EDUCAR NA E PELA NATUREZA

Recebi com muita alegria o convite para convidá-los à leitura deste belo livro. O trabalho aqui apresentado remonta à infância do autor, Rafael Cruz, e reflete sua profunda relação com a arte e com a docência, emoldurando sua escrita e seus afetos: pela educação, pela natureza e pela infância. A pesquisa que originou esta obra analisou as vivências de crianças e educadores em interação com a natureza no contexto da Escola da Várzea, situada na cidade de Sintra, Portugal. Contudo, a reflexão proposta transcende essa experiência específica, estabelecendo um diálogo rico tanto com a produção acadêmica da área quanto com experiências educativas concretas testemunhadas em um percurso de quase uma década de pesquisas e vivências.

Esta obra é uma contribuição relevante ao campo da educação, ao enfrentar o desafio de integrar práticas pedagógicas e consciência ambiental. A proposta da **Floresta~Escola**, descrita e analisada no texto, emerge como uma prática educativa e uma resposta ética às urgências de um mundo em crise ambiental e social. No cerne deste trabalho, está a ideia de que a educação deve ser vivida em estreita relação com o meio ambiente, reconhecendo a natureza não apenas como um recurso, mas como um sujeito e agente do processo educativo.

Inspirado em experiências de comunidades tradicionais e em metodologias de projetos internacionais, o autor propõe uma ruptura com o modelo escolar convencional, defendendo o "desemparadamento" da infância. Aqui, a educação é compreendida como um processo relacional, ecológico e contextualizado, que ultrapassa os limites da sala de aula, reconectando-se com a vivência concreta e a complexidade do mundo natural.

O conceito de **Floresta~Escola** carrega a ambição de reimaginar o ambiente educativo como um espaço de interação entre as crianças e o mundo natural. Ao longo do livro, Rafael reflete sobre a potência educativa da floresta como coautora do processo pedagógico. Essa proposta dialoga profundamente com perspectivas pedagógicas críticas e transformadoras, como a educação libertadora de Paulo Freire, a educação ambiental crítica e as pedagogias decoloniais, colocando a natureza e a criança no centro do processo educativo.

Em um momento histórico em que a crise climática nos confronta e nos arrebata, esta obra convoca educadores, pesquisadores e gestores a repensarem as bases sobre as quais os sistemas educacionais estão construídos, buscando alternativas que promovam uma educação integral — aquela que reconhece a indissociabilidade entre o humano, o social e o ambiental.

Ao propor a **Floresta~Escola** como um conceito e uma prática de educação pelos sentidos, o autor não apenas questiona os limites do modelo escolar tradicional, mas também contribui para o avanço de um campo pedagógico que entende o papel da educação e seu compromisso com o futuro da vida no planeta.

Por tudo isso, este original trabalho constitui uma significativa contribuição para a reflexão sobre a educação "na, para, com e pela natureza", e é um convite à ação de educadores, artistas e ambientalistas dentro e fora das escolas. Que este "embornal" carregado de sementes inspire transformações em cada leitor!

Levindo Diniz Carvalho
Doutor em Educação e professor associado da Faculdade de Educação e do Programa de Pós-Graduação em Educação da UFMG

SUMÁRIO

INTRODUÇÃO **25**
A floresta da minha escola 25
A construção do tema da pesquisa e finalidades do estudo 26

CAPÍTULO 1
NATUREZA E EDUCAÇÃO **33**
1.1 A Natureza como sujeito 33
1.2 A Educação pela Natureza 41
1.3 Desemparedamento da infância 49
1.4 Floresta~Escola 54
1.5 Práticas educativas na/para/com e pela Natureza 63

CAPÍTULO 2
A PESQUISA COM CRIANÇAS NA/PARA/COM E PELA NATUREZA: QUESTÕES ÉTICAS E O CONTEXTO INVESTIGATIVO **67**
2.1 Escola Básica da Várzea de Sintra 67
2.2 Escola da Floresta Bloom 71
2.3 Pesquisar com crianças na natureza 73
    2.3.1 Dinâmica em campo 73
    2.3.2 Etnografia com crianças 84
    2.3.3 Ética na pesquisa com crianças 89

CAPÍTULO 3
AS POTENCIALIDADES DAS PRÁTICAS EDUCATIVAS NA/PARA/COM/PELA NATUREZA ... 93
3.1. A educação dos/pelos sentidos ... 93
3.2 Práticas educativas como ponte entre a floresta e a escola ... 112
3.3 Práticas inclusivas na natureza ... 121
    3.3.1 A guiar a educadora às cegas ... 122
    3.3.2 O líder contador de histórias ... 130
    3.3.3 O foco que arde ... 133

CAPÍTULO 4
A CRIANÇA, O ADULTO E A NATUREZA ... 141
4.1 A base dos afetos a partir da leitura dos desenhos das crianças ... 142
4.2 O que é que a Natureza te ensina? O que é que tu aprendes com ela? ... 151
    4.2.1 O que é que a Natureza ensina e o que é que as crianças aprendem? ... 153
    4.2.2 O que é que a Natureza ensina e o que é que os adultos aprendem? ... 162

CONSIDERAÇÕES FINAIS ... 175

POSFÁCIO ... 185

REFERÊNCIAS ... 189

NOTAS ... 201

INTRODUÇÃO

Escolas não são edifícios, escolas são pessoas
(José Pacheco, 2016)

A floresta da minha escola

Antes de adentrar especificamente nos temas natureza, crianças e práticas educativas, sinto que preciso reconstruir algumas peças da minha infância na escola que estudei e do meu percurso profissional ligado às artes e à educação. Sou nascido e criado na terra que os indígenas puri e arari chamavam de Timburibá, hoje conhecida como cidade de Barra Mansa. Esse território, rodeado de natureza, fica entre a Serra do Mar e a Serra da Mantiqueira, por onde corre o rio Paraíba do Sul, no interior do estado do Rio de Janeiro, Brasil. Passei toda a minha infância e fiz toda minha trajetória escolar na antiga Sociedade Assistencial Barramansense de Ensino e Cultura (Sabec), atual Colégio UBM. Considero essas informações importantes para dar o ponta pé inicial neste livro por dois motivos: primeiro, por que minha trajetória escolar é marcada por registros de indisciplina e episódios de rebeldia juvenil, apesar de nunca ter sido reprovado, afinal, eu era um bom aluno, mas avesso à forma "escola"; e segundo, porque a referida escola dispõe de 15 hectares de floresta com fauna e flora nativas e exóticas, lugar onde, durante a minha infância, fiz marcantes e profundas descobertas, tanto nas relações sociais de convívio com outras crianças quanto no domínio da ecologia e da natureza. Foi nessa floresta, plantada por iniciativa do meu avô Haroldo Cruz e do professor Hélio Gouveia, que conheci as árvores componentes da flora do terreno que davam frutos maravilhosos, como jabuticaba, carambola, lichia, limão, laranja, mamão, abacate, nêspera, romã, e flores exuberantes, como os ipês-brancos e amarelos, bromélias, acácias, manacás e mulungus. Foi também onde brinquei de observar a fauna composta pelos saguis, tucanos, sabiás, bem-te-vis, falcões-carrapateiros, urubus, curiós, sanhaços, maritacas, aranhas fio-de-ouro, serpentes limpa-mato, coral, jararaca e escorpiões-amarelos.

Foi difícil me adaptar à forma e ao modelo escolar quando eu era um jovem adolescente, rebelde sem causa. Anos depois, meu pai me convidou para trabalhar com ele como assessor institucional da Associação Barramansense de Ensino (Sobeu), mantenedora do Centro Universitário de Barra Mansa (UBM)[4]. Mas sinto que foi mais difícil ainda concordar com os modos escolares adotados pelo UBM durante as décadas de sua existência quando fui atuar lá, em 2015. O UBM tinha uma floresta, mas lá não tinha escola, será? Reconheço que foram esses, com certeza, os principais motes para que eu viesse a investigar a relação entre a natureza e os processos educativos desemparedados (Tiriba, 2018), buscando evidenciar outras lógicas, formas ou concepções de escola (e de floresta) no curso de mestrado em Educação e Sociedade em Lisboa. Naquela escola da minha infância, aprendi mais fora do que dentro de sala. O fato de haver uma floresta imensa à disposição do Colégio UBM (que é mantido pelo UBM), levou-me a querer entender melhor o potencial de uma área verde nas práticas educativas, tanto como lugar quanto como sujeito. Atuando no UBM como assessor institucional, deparei-me com desafios acadêmicos e técnicos para desenvolver um trabalho de qualidade e sintonizado com as concepções contemporâneas de Educação. Foi nessa escola que pude desenvolver melhor o conceito de Floresta~Escola e aplicar na prática boa parte dos conhecimentos aqui apresentados.

A construção do tema da pesquisa e finalidades do estudo

O texto original desta pesquisa foi defendido incialmente sob o título "Floresta-Escola: práticas educativas na/para/com e pela Natureza". Primeiramente, explicarei por que escolhi tantas preposições para nomear, à época, essas práticas. Os conceitos de "Floresta~Escola", "práticas educativas" e "Natureza" serão abordados no decorrer dos capítulos.

Essas quatro preposições serviram àquele título como forma de buscar as relações que as práticas educativas podem assumir quando postas no debate sobre a Natureza como sujeito ou ambiente: ela sendo um, não deixa de ser outro. Por definição gramatical, as preposições utilizadas aqui trazem valores de cargas mais semânticas do que sintáticas. Desse modo, para entender essa relação, é necessário ter o signo linguístico bem definido. O signo linguístico é composto de significante (palavra escrita ou falada) e significado (imagem acústica, aquela imaginada na mente), e essa relação é dependente do contexto de produção.

A preposição "na" (preposição "em" + determinante "a") indica lugar, considerando, assim, que as práticas educativas tomam seu lugar *no* ambiente, nesse caso, *na* floresta, *na* natureza, mas não como sujeito agente do processo. Desse modo, poderíamos supor que uma aula de Matemática, uma prova de Inglês ou qualquer outra abordagem com temas que não estejam diretamente ligados ao ambiente, à natureza ou à ecologia poderiam decorrer *na* natureza. Se estivermos falando a respeito de práticas que visam à natureza de modo passivo, como o objetivo final daquela abordagem, então a preposição "para" seria utilizada de modo restritivo, como fim ou finalidade; portanto, aquele conjunto de práticas estaria ocorrendo naquele lugar *para* somente ajudar a natureza, e não para afetar as crianças ou todos os que participam desse processo. Assim sendo, se considerarmos a Natureza como parceira, algo ou alguém que age conjuntamente com as educadoras[5] e as crianças na prática educativa, poderíamos aplicar a preposição "com", no sentido de criar uma relação de companhia do processo, não sendo passiva, mas sim uma agente ativa e colaboradora. Por fim, a preposição "pela" (preposição "por" + artigo feminino "a") pode indicar uma posição ativa (que vem de alguém). Dessa feita, as práticas educativas *pela* Natureza supõem que há um movimento ativo e expletivo do sujeito agente, nesse caso, a Natureza, em direção aos participantes das sessões de Floresta~Escola, sejam eles crianças ou adultos. A Natureza, nesse caso, age, educa, provoca, inspira, move, muda e transforma as práticas educativas. Neste livro, não elegi uma ou outra dessas preposições como definição para acompanhar o conceito de Floresta~Escola, mas percorri as múltiplas relações que esses signos linguísticos permitem evocar quando postos na construção do tema da pesquisa para colaborar com o debate das diferentes práticas educativas apresentadas.[6]

O interesse em realizar esta pesquisa partiu da oportunidade e da condição que tive como educador voluntário no projeto da Escola da Floresta Bloom (EF Bloom) em Sintra[7], Portugal. Estive ligado a esse projeto entre os meses de outubro e dezembro de 2018, o que corresponde à primeira metade de implementação desta ação-piloto. Não tendo, a princípio, categorias previamente definidas a perseguir, foi a investigação de natureza exploratória a forma mais pertinente para a realização da pesquisa, uma vez que seria a partir dos meandros do trabalho de campo que elas seriam definidas. Portanto, a investigação buscou analisar as práticas educativas vividas por crianças e educadoras na/para/com e pela Natureza no projeto EF Bloom, em parceria com a Escola Básica da Várzea de Sintra.

Conhecimentos como permacultura, agrofloresta (Gotsch, 1996), bioconstrução, além dos mecanismos educativos da Escola da Ponte[8] ("assembleia", "eu já sei", "eu posso ajudar", entre outros) e das abordagens da Forest School e da Flow Learning[9], foram cruciais para entender que esse conjunto de ideias (a floresta~escola, a educação democrática, o desemparedamento da infância, a metodologia de trabalho de projetos e a agroecologia) é uma poderosa ferramenta educativa para garantir a manutenção da vida no planeta a partir da educação. Ao ter contato com essas ideias, comecei a formular a percepção de que todo educador deveria saber cuidar de uma semente vegetal, saber semeá-la, saber germiná-la e saber colher seus frutos, tal qual é preciso saber sobre as "sementes" humanas. Durante a pesquisa, amadureci a percepção da criança como uma semente para a ideia da criança como terra, território, terreno, ou seja, lócus de semeadura de uma diversidade de pensamentos, gestos, ações, culturas e modos de ser e estar no mundo.

Em Portugal, tive a oportunidade de fazer um estágio de observação na Escola da Ponte, em São Tomé Negrelos – Vila das Aves, durante um mês (maio de 2017). Lá, pude perceber os mecanismos e os dispositivos de uma comunidade de aprendizagem com uma concepção e uma lógica de escola diferentes. Uma escola democrática[10], na qual se defende que a escola não é um edifício, são pessoas. No mesmo mês, fiz a formação em líder em Forest School, com Patrick Harrison, na Costa da Caparica, quando conheci Mónica Franco, co-fundadora do Movimento Bloom. Essa abordagem educativa parte do princípio de que uma floresta, um bosque ou uma área verde natural são lugares de aprendizagem tão amplos que é possível contemplar quase a totalidade das exigências curriculares. Nesse sentido, com essa formação em Forest School, comecei a perceber que não era tão necessário levantar um edifício da escola na floresta. Afinal, o paradigma diante de mim implicava perceber a *floresta* como a própria *escola*. Portanto, as práticas educativas *na* natureza faziam sentido naquele momento inicial da pesquisa. Seria então a floresta, nesse caso, uma grande sala de aula verde? Eis uma etapa para construção do problema. Pois o que se apresentaria em seguida, a partir das perspectivas das epistemologias nativas, é a Natureza como mestra, com sabedoria e modo de inspirar; em vez de lugar, é sujeito. Essa foi uma grande virada.

    Comecei uma investigação sobre o tema e, durante minha trajetória no mestrado, realizei pesquisas a respeito de escolas e projetos de educação na/para/com e pela Natureza, modelos e processos de educação ambiental/ecoalfabetização e o debate entre a Educação Ambiental (EA) e a Educação para o Desenvolvimento Sustentável (EDS). Além disso, pesquisei projetos de educação na natureza fora de Portugal, espalhados pela Europa, pela Ásia e pelas Américas e acompanhei a criação de uma dezena de projetos no Brasil. Na América do Sul, encontrei informações e pesquisas sobre a floresta jurídica instituída como sujeito de direitos nas constituições federativas do Equador e da Bolívia, conceitos indígenas de *buen vivir*, como *Sumak Kawsay* e *Sumã Kamaña*[11], que percebem a natureza e a floresta por uma perspectiva divergente das normas e valores portugueses, contexto territorial no qual eu estava realizando o meu campo investigativo.

    O percurso por essas teorias me ajudou a reconhecer a Natureza como sujeito de direitos, bem como a perceber que não se faz necessária uma sala de aula ou paredes para haver processos educativos, ainda que essa "sala" (ambiente, lugar, espaço) seja a própria floresta. Portanto, se a Natureza é um sujeito, tendo o seu papel de educadora na sociedade educativa, quais são, então, as potencialidades vividas entre estes sujeitos: crianças, educadoras e Natureza? O que acontece quando crianças e educadoras estão na/com a natureza? Como é pesquisar *com* crianças *na* natureza? Como são as práticas educativas *pela* Natureza? E o processo de formação das educadoras para atuarem nesse terreno/território? Essas são algumas das questões que pretendo tratar neste livro.

    Em agosto de 2017, participei da criação e fundação da Associação Escola da Floresta (Forest School Portugal) e dediquei-me à realização de eventos e formações sobre a abordagem, tanto em Portugal quanto no Brasil. No segundo semestre de 2018, tive a oportunidade de integrar, como voluntário, o projeto da Escola da Floresta Bloom em Sintra, em parceria com a Escola Básica da Várzea de Sintra (EB1 da Várzea), esta inserida no contrato português do Projeto de Autonomia e Flexibilidade Curricular[12]. Pelo Despacho n.º 5908/2017, algumas escolas portuguesas passaram a flexibilizar seu currículo e adquiriram certa autonomia administrativa. O Projeto de Autonomia e Flexibilidade Curricular, em regime de experiência pedagógica, define os princípios e as regras orientadores da concessão dessa abertura, além da operacionalização e avaliação do currículo dos ensinos fundamental e médio. Uma vez integrando a equipe de monitoras do projeto, percebi que estava num contexto perfeito para construir meu objeto de pesquisa.

A EF Bloom em Sintra apresentou-se como um contexto ideal para a investigação a respeito da relação dos processos educativos na/para/com e pela Natureza pelo fato de atuar ao ar livre sob duas abordagens metodológicas, a Forest School[13] e a Flow Learning[14]. A investigação se deu dentro desse cenário informal que é a floresta, mas ligado à escola formal, e se encontrava em fase inicial de implementação/transformação de projetos educacionais específicos, sendo uma iniciativa social com potencial transformador de grande intensidade. A pesquisa aqui apresentada parte da perspectiva sociológica e da educação, inspirada pela abordagem etnográfica.

Com a oportunidade de desenvolver e participar desse processo como agente direto, intervindo e vivenciando o cotidiano do projeto em campo, debrucei-me numa investigação de natureza exploratória. Quero dizer que não me circunscrevi a uma hipótese de partida para a pesquisa; considerei, sim, uma abertura às experiências no campo, sendo que o cotidiano em campo que me forneceu rotas, temas, categorias e pontos focais de análise. Este estudo é fruto de uma investigação em um contexto escolar a respeito das potencialidades do encontro, a partir da relação de afetos e por meio de práticas educativas em ambientes naturais, de adultos e crianças com (e pela) Natureza.

No primeiro capítulo — "Natureza e Educação" —, vamos encontrar uma base do referencial teórico, de modo a construir a Natureza como um sujeito e a ideia de Educação *pela* Natureza. Na sequência, o capítulo abordará a ideia de desemparedamento da infância trazida pela professora Lea Tiriba (2018). Por fim, trabalharei em torno do conceito de Floresta~Escola e das práticas educativas na/para/com e pela Natureza.

No segundo capítulo — "A pesquisa com crianças na/para/com e pela Natureza: questões éticas e o contexto investigativo" — será exposto o contexto da pesquisa. Nesse sentido, os modos de funcionamento da Escola Básica da Várzea de Sintra e do projeto da Escola da Floresta Bloom serão detalhados. Num segundo momento, as opções metodológicas serão apresentadas em três partes: a dinâmica em campo; a etnografia com crianças; e, por fim, as questões éticas nas pesquisas com crianças que comportarão o dilema relativo à autoria e à autorização nesse tipo de abordagem. Ainda, caberá refletir acerca da seguinte questão: o que é pesquisar *com* crianças *na* natureza?

No terceiro capítulo — "As potencialidades das práticas educativas na/para/com/pela Natureza" —, farei a análise dos dados gerados em campo a partir de três eixos construídos: 1) educação dos/pelos sentidos, de modo a percorrer os meandros das potencialidades que a Natureza revela para a compreensão dos sentidos fisiológicos do corpo, dos sentidos da aprendizagem ao ar livre e do caminho que a Floresta~Escola está percorrendo; 2) práticas educativas como ponte entre a floresta e a escola; e 3) práticas inclusivas na natureza, momento em que trabalharei brevemente o tema da inclusão/integração educativa por meio da observação de três casos em que crianças com necessidades educativas especiais estiveram interagindo na floresta.

No quarto capítulo — "A criança, o adulto e a Natureza" —, tratarei das relações entre esses sujeitos em contexto educativo. Para descrever essas relações, em que foram reveladas os afetos entre os participantes do projeto, parti de um conjunto de leituras sobre um exercício de revisão por meio de uma construção expressiva visual. Numa segunda parte, trarei as análises e reflexões em torno das perguntas surgidas no campo: o que é que a Natureza ensina a você? E o que é que você aprende com a Natureza?

Por fim, nas "Considerações finais", apresento um fechamento por meio de uma metáfora-síntese de todo o trabalho.

na

indica lugar

CAPÍTULO 1

NATUREZA E EDUCAÇÃO

Neste primeiro capítulo, talvez o mais denso do livro (e há uma razão para isso), discuto a construção do conceito da Natureza como um sujeito jurídico para, posteriormente, perceber a sua interação na sociedade por meio dos processos educativos. Trarei também a Natureza como comunidade, apoiando-me em Leopold (2008) e em sua contribuição para o Direito da Natureza e a ética da terra, com atenção ao que se refere à Educação Ecológica da Ética da Terra. Em seguida, farei um debate para ampliarmos as visões sobre a Educação Ambiental (EA), a Educação para o Desenvolvimento Sustentável (EDS) e a Educação pela Natureza numa perspectiva comparativa entre as epistemologias do norte e do sul global. Posto isso, buscarei a compreensão da contribuição que a Natureza pode dar para a educação e a formação de formadores por meio do debate sobre o conceito de "Floresta~Escola" e "Escola da Floresta". Em seguida, veremos alguns exemplos de práticas em Portugal e no Brasil. A tese do "desemparedamento da infância" apresentada por Tiriba (2018) será aqui explorada de modo que possamos construir a ponte conceitual, a fim de compreendermos, em profundidade, os processos que envolvem as práticas educativas na/para/com e, sobretudo, pela Natureza.

1.1 A Natureza como sujeito

Quero trazer aqui um debate paralelo às produções de autores indígenas, quilombolas e caiçaras brasileiros contemporâneos que alargam o nosso entendimento a respeito das cosmogonias, com seus encantados e narrativas ancestrais (Albert; Kopenawa; D'Aguiar, 2023; Jecupé, 2020; Kopenawa; Albert, 2015; Krenak, 2019; Santos, 2015; Santos, 2023) e, ainda, das cosmologias, com seus diversos campos teóricos e contribuições científicas para o campo[15] (Kambeba, 2020; Xakriabá, 2018). Ao afirmar isso, reconheço que a leitura sobre o tema que trago neste livro está restrita a um campo ocidentalizante do debate. Porém, trago um esforço para atualizar e iluminar os debates do campo decolonial, desde *el sur*, fazendo um contraponto ao que escrevi em 2018 sobre Portugal/Europa e seus dispositivos reguladores interagências. Olhando para o Brasil, percebo que nos últimos cinco anos um volume grande de publicações e produções acadêmicas de autorias indígenas e de representantes dos povos tradicionais se apresentou como centrais para o debate contemporâneo sobre infâncias, Natureza e educação. Tanto na academia quanto na política, a representatividade dos povos da natureza tem aumentado consideravelmente. Nas eleições municipais de 2024, o número de vereadores eleitos que se autodeclararam indígenas aumentou 32% em relação a 2020. No ano de 2025, serão 241 parlamentares com cocar ocupando vagas nos legislativos em dezenas de municípios (Néri, 2024) e, para chefe do executivo municipal, foram eleitos nove indígenas (Bosa; Martins, 2024). A pauta da sobrevivência de seus povos (humanos e não humanos) e seus ecossistemas é preponderante em seus discursos, suas militâncias e seus propósitos de vida e, portanto, merece reconhecimento e protagonismo. A seguir, organizei um debate "atlântico" que nos ajuda a perceber como as percepções discrepantes sobre a Natureza afetam diretamente as tomadas de decisões políticas e, consequentemente, as educações em diferentes esferas e contextos territoriais do norte e do sul global.

A percepção sobre o conceito de natureza tal como a concebemos no contexto epistemológico ocidental, colonizado e colonizador, dissociada do humano, gestada na base do pensamento moderno, é nascida apenas no século XX e resume-se a um conjunto de contratos jurídicos, sendo basicamente tratada como um recurso inesgotável em nome de um desenvolvimento econômico, ainda que se afirme "sustentável" (Serres, 1990, p. 173). Segundo Serres (1990, p. 62), a Declaração dos Direitos dos Homens deriva do direito natural e "deu a qualquer homem, em geral, a possibilidade de aceder a esse estatuto de sujeito de direito", porém, o feminino, isto é, a Mãe Natureza, foi deixada de fora desse contrato social — "razão humana maior, natureza exterior menor".

A identificação dos problemas modernos consequentes da "sociedade de risco global" que encontramos em Beck (2015) alia-se aos efeitos nocivos à saúde das populações em função do afastamento e convívio mais direto com ambientes naturais, nomeado por Tiriba (2018) como "emparedamento". Um desses efeitos é o chamado *Transtorno do*

Déficit de Natureza, conceito elaborado por Louv (2016). O termo não é usado num sentido científico, clínico ou num diagnóstico médico. É um termo linguístico criado para nomear os notáveis prejuízos observados nas crianças a partir da prática de mantê-las, com frequência, sentadas diante de telas e limitadas a ambientes escolares ou domésticos fechados sem contato direto com a natureza. De acordo com Louv (2016, p. 120), "tendo como base cada vez mais evidências científicas, acredito que o conceito - ou a hipótese - do transtorno do déficit de natureza seja adequado e útil como descrição leiga a um fator que pode agravar as dificuldades de atenção de muitas crianças". Segundo Ulrich Beck (2015, p. 22), "a semântica do risco diz respeito a perigos futuros tematizados no presente, resultantes, frequentemente, dos avanços da civilização". O autor segue afirmando que as duas faces do risco são a oportunidade e o perigo, "começando com a navegação mercante internacional". O ponto de partida para a assunção das inseguranças fabricadas na expansão industrial do final do século XIX estaria, portanto, na ideia de poder controlar e compensar as incertezas das novas descobertas da modernidade. Assim, a ciência seria a portadora de uma confiabilidade e suporte à segurança da civilização, entretanto, o próprio avanço da ciência representa uma consciência dos riscos globais, tornando-os coletivamente visíveis.

  O direito à natureza, diferentemente do direito *da* Natureza (Gudynas, 2019), no entanto, não se funda em bases educativas, mas sim em interesses econômicos. Para Leopold (2008), é pelo fato de a maioria dos membros da comunidade da Terra não ter um valor econômico que o sistema de conservação da natureza calcado em valores estritamente econômicos é falho. O autor conclui que, "no entanto, essas criaturas são membros da comunidade biótica, e se (como creio) a estabilidade dessa comunidade depende de sua integridade, têm o direito de continuar a existir" (Leopold, 2008, p. 195). Ou seja, ainda que a sociedade se encontre num risco global, o risco da sexta extinção em massa, a comunidade biótica tem o direito de existência. Entretanto, a "expropriação ecológica", mencionada por Beck (2015, p. 81), seria responsável pelo desequilíbrio na balança entre a "justeza natural" e a "justiça social" (Serres, 1990, p. 137) e a causa da destruição do mercado: "a indústria poluente considera como 'ambiente' aquilo que, para os setores e regiões afetados, constitui a base da sua existência econômica" (Beck 2015, p. 83). Beck se refere aos pescadores, produtores rurais e povos tradicionais que vivem afastados de grandes centros urbanos que gozam de infraestrutura tecnológica para mitigar ou amenizar os efeitos dos impactos causados por poluentes diversos e o desequilíbrio climático. A eliminação das certezas do Estado social desencadeia o que Beck (2015, p. 79) chama de "conflito ecológico da sociedade", gerando os primeiros refugiados ecológicos da humanidade. As crises globais, como a escassez de comida e água, por exemplo, são, segundo o sociólogo alemão, hierárquicas, pois afetam os mais pobres, mas "o aquecimento global é igualitário e, neste sentido, democrático", já que afeta a todos, dado que o diretor da empresa recebe o mesmo nitrato na água de sua torneira que o faxineiro na dele. Não serão, portanto, os governos, os economistas ou os empresários que definirão o limite dessa expropriação, mas sim a *sujeita* Natureza, como conclui Serres (1990, p. 169) referindo-se a Lucrécio: "as leis naturais englobam as coisas tal como as regras sociais ligam os homens".

 Gudynas (2019, p. 60) lembra que essas advertências e críticas foram levantadas por Leopold na década de 1940 com limitadas aceitações, mas hoje, 85 anos depois, somos arrebatados por furacões como Helene e Milton[16] nos Estados Unidos, por El Niños cada vez mais intensos no pacífico, com inundações no deserto do Saara e secas na floresta Amazônia, com o aparecimento de vegetação na Antártica e gelo e neve no deserto da Arábia Saudita. A partir daquelas argumentações, o autor estadunidense chegou aos seus "imperativos éticos". Ferreiro (2009, p. 19) destaca de maneira sintética cinco aspetos essenciais que definem a Ética da Terra em Leopold, que, tal como a balança do julgamento, medeia o entendimento entre a "justeza natural" e a "justiça social", ou seja, aquilo que cabe e é justo, dando sentido ao exposto anteriormente. Em resumo, a Ética da Terra propõe:

> i) o alargamento do universo moral a outros seres vivos para além do homem – a "comunidade biótica"; ii) a superação da dicotomia homem-natureza, que resulta do aspeto anterior e que torna o homem membro da "comunidade"; iii) a mudança dos valores e a educação ecológica como condições fundamentais da coexistência dos membros da "comunidade" e da Ética da Terra; iv) a definição do uso responsável da terra como algo que deve ter presente valores econômicos, éticos e estéticos, numa conciliação entre

> o útil, o belo e o bom e rejeitando uma lógica estritamente economicista nas decisões que envolvem o uso da terra e;
> v) a definição de "saúde" da terra enquanto capacidade de autorrenovação.

Essa ética estaria conectada, principalmente, ao "saber fazer", sendo ligação da sabedoria ancestral com o conhecimento científico, justamente aquilo que permite conectar os modos de produção e o desenvolvimento social. Ou seja, de acordo com o item "iii)", essa distância axiológica e de práxis evidencia uma incoerência com os planos e programas de ordenamento territorial e florestal (Oliveira; Lopes, 2018) em Portugal, justificando a construção de outra epistemologia que seja capaz de se apropriar e transformar as práticas sociais, como, por exemplo, a confluência entre Educação e a Natureza. A noção portuguesa sobre natureza, culturalmente endossada e legalmente constituída, é muito diferente da que vamos encontrar no Brasil e em quase todos os países sul-americanos. Para Portugal ter a chance de debater Educação e Natureza num outro patamar, precisará, antes de tudo, reconsiderar seu arcabouço legal que regula o uso da terra e ordena as florestas públicas e privadas, além de emendar sua constituição incluindo uma noção de natureza para além de recursos naturais. Dessa forma, como as florestas portuguesas estão nas mãos de privados, é importante que o Estado regule as atividades educativas na natureza, já que esses espaços não são de livre acesso e a população não se encontra no direito de acessá-los. Portanto, tanto o direito à natureza quanto o Direito da Natureza em Portugal é um assunto sensível e superficial. Este é um debate para, quem sabe, um outro livro.

Doravante, interpretando a afirmação de Lucrécio citada anteriormente sobre as regras sociais, evoco o que se passou no início século XXI, quando a Organização das Nações Unidas (ONU) falou em EDS em vez de falar em "Educação pela Natureza". Isto é, se as Leis Naturais englobam as coisas, elas regem a coexistência dos membros da comunidade biótica, portanto, a EDS e a Educação Ambiental (debate exposto adiante) não corroboram de forma eficaz para uma alfabetização ecológica que impulsione uma mudança de valores, necessária para uma alternativa ao desenvolvimento. A mudança de valores pode ser percebida como atualização legislativa e jurídica para o reconhecimento da Natureza como sujeito de direitos tanto em Portugal como no Brasil. É preciso falar sobre os direitos à Natureza, bem como sobre os Direitos da Natureza, aliando-se aos discursos das minorias representadas e subalternizadas pela "colonialidade do poder" (Quijano, 2005), como os povos originários, as pessoas negras, as infâncias, os povos de terreiro, os assentados pela reforma agrária, os movimentos ecofeministas e LGBTQIAP+.

Os direitos da Natureza na América do Sul foram reconhecidos nos artigos 71, 72, 73 e 74 da Constituição do Equador em 2008 (Equador, 2008), após uma intensa batalha jurídica na Corte Interamericana de Direitos Humanos entre os povos indígenas Quíchua de Sarayaku e o Estado equatoriano. Em 2002, quando a política na Amazônia equatoriana era bastante diferente do que foi durante o regime militar dos anos 1960 e 1970, a Companhia Geral de Combustíveis (CGC) invadiu arbitrariamente o território Sarayaku. A partir da organização dos povos indígenas daquele país, criou-se, em 1986, a Confederação de Nacionalidades Indígenas do Equador (Conair) e, quatro anos mais tarde, foi iniciado um levantamento a nível nacional para uma reforma constitucional com o objetivo da proclamação de um estado plurinacional. Nesse sentido, consolida-se uma Ecologia Política de resistência considerando a Amazônia como um território-chave em torno do qual se elevaram reinvindicações relevantes, bem como articulações políticas envolvendo movimentos sociais e povos originários. Biemann e Tavares (2015) realizaram um importante trabalho intitulado *Forest Law – Selva Jurídica*, em que expuseram a luta daqueles povos contra a invasão das petroleiras em seus territórios. Nessa publicação, os pesquisadores constroem o percurso da "floresta diante da corte", quando foi necessário criar uma personalidade jurídica para a floresta/território para que esta fosse representada legalmente nas batalhas judicializadas. Sobre os direitos da Natureza, os autores narram que:

> No Equador, a ética e a política do ecologismo se encontraram com movimentos populares que estavam lutando contra estruturas socioeconômicas extremamente desiguais, apoiadas por governos autoritários e ideologias racistas. A proteção de rios e florestas estava intimamente ligada a defesa das liberdades civis e dos direitos socioeconômicos, culturais e territoriais. De igual modo, o movimento dos coletores de borracha na Amazônia brasileira, encabeçado

> por Chico Mendes, que convocou a uma "reforma agrária" baseada no estabelecimento de reservas florestais de propriedade coletiva, assim como a revolta do povo Ogoni, no delta do Níger, na Nigéria, que construiu uma batalha pela sobrevivência frente às temíveis práticas da Royal Dutch Shell, assim como contra a impiedosa junta militar, foram movimentos ambientalistas como de direitos humanos, e forjaram de maneira orgânica uma forma de teoria e prática que fusionaram política e ecologia num só terreno de lutas reivindicatórias (Biemann; Tavares, 2015, p. 80).

O modo de habitar colonial, exposto por Ferdinand (2023), está comprometido com vulnerar as pessoas nativas de um local a partir da retirada da floresta, da desertificação do solo e da retirada da diversidade biocultural. Arranca-se tudo e implementa-se a monocultura, agrária e de pensamentos, no campo epistemológico e espiritual. No contexto da Amazônia equatoriana, a exploração petrolífera é um exemplo disso. Na cosmospercepção indígena, por seus povos estarem vinculados a um pensamento holístico, quando o direito individual é vulnerado, também se vulnera o direito da Natureza. Por isso, nos debates que consolidaram essa teoria e que formaram a constituinte daquele país, considerou-se que a Natureza, per si, deveria ser considerada um sujeito de direitos para, desse modo, ser representada em sua defesa nos casos de violações de seus direitos. Assim, surgiu uma norma de caráter intercultural, um conceito inovador que redefine o paradigma da conservação da Natureza. No caso do Equador, uma nova Constituição estabelece que não apenas os indivíduos são sujeitos de direitos, mas também os povos e identidades coletivas, como as nações originárias. Além disso, a própria Natureza é reconhecida como sujeito de direitos, reforçando uma visão mais ampla e integradora da proteção ambiental (Biemann; Tavares, 2015).

Percebo que o Brasil, diferentemente de Portugal, que está distante de um debate dessa profundidade, tem boas chances de se encaminhar para uma discussão mais aprofundada nesse campo, estando alinhado, ainda que pudesse estar mais, aos países *hermanos* e vizinhos da América do Sul. Após o rompimento da Barragem do Fundão, de rejeitos de minério, da controladora Samarco Mineração S.A., um empreendimento conjunto entre as maiores empresas de mineração do planeta, a Vale

S.A. e a BHP Billiton, constatou-se o ecocídio do Rio Doce, sua fauna e flora, com milhares de vítimas desabrigadas. Em Brumadinho, em 2019, a barragem do Córrego do Feijão, também da Vale S.A., deixou 270 vítimas humanas fatais, sem contar as vítimas não humanas que não são contabilizadas justamente por não terem o "estatuto" de sujeito. Até hoje, ninguém foi responsabilizado pelas tragédias. Após esses crimes "perfeitos", que não deixam suspeitos, a Assembleia Legislativa de Minas Gerais, em 2024, elaborou o Projeto de Lei 1.974 (Minas Gerais, 2024), em que se reconhecem os direitos intrínsecos do Rio Doce como ente vivo e sujeito de direitos, bem como de todos os outros corpos d'água e seres vivos que nele existam naturalmente ou com quem ele se inter-relaciona, incluindo os seres humanos, na medida em que coexistem em um sistema interconectado, integrado e interdependente. Seria algo surpreendente se uma proposta dessa andasse e se efetivasse como lei federal em nosso país. Percebo aí um importante passo no Brasil para possíveis projetos de emendas constitucionais *à la* Equador e Bolívia.

O debate sobre a implementação da Autoridade Climática no Brasil está posto, e o impasse de protagonismos entre Ministério de Meio Ambiente e Casa Civil não corresponde com a necessidade urgente que vivem os brigadistas na linha de frente dos incêndios. A Autoridade Climática (Proposta [...], 2024) é um projeto da ministra do Meio Ambiente Marina Silva acolhido pelo presidente brasileiro Luiz Inácio Lula da Silva ainda em período de campanha eleitoral no ano de 2022. A ideia voltou à baila em setembro de 2024 como forma de responder à seca severa sem precedentes e à série de incêndios que assolaram todo o território nacional. Quando este livro sair, já deverá estar vigente o chamado "Estatuto Jurídico da Emergência Climática", seja lá o que isso significará — ainda me soa que o Brasil vê a crise como um "projeto", criando o estatuto jurídico da crise climática em vez de instituir o estatuo jurídico da Natureza e as garantias de sobrevivência da comunidade biótica, assumindo uma ética antiantropocênica. E a mestra, a parente, ancestral, ainda não tem os seus direitos assinados e assinalados. Curioso...

1.2 A Educação pela Natureza

A ONU declarou, em 2002, após a conferência em Joanesburgo, que o período correspondente aos anos de 2005 a 2015 seria atribuído como a Década da Educação para o Desenvolvimento Sustentável (Deds). A agência delegou à Organização das Nações Unidas para a Educação, Ciência e Cultura (Unesco) o encargo de traçar as diretrizes para o respectivo Programa de Ação, que, subsequentemente, deveria ser adaptado para cada Estado-membro de acordo com as suas especificidades. Nesse sentido, a Comissão Nacional da Unesco reuniu um grupo de peritos e especialistas, que, de modo voluntário, definiram as coordenadas de um plano orientador para implementação da Deds em Portugal. De acordo com Schmidt, Nave e Guerra (2010), no fim da década de 1990 e início dos anos 2000, a EA passou a desenvolver-se de uma forma mais dispersa e mais dependente das iniciativas e recursos, pelo fato das profundas e desordenadas alterações intra e interagências portuguesas que tratavam do assunto. Os autores completam que "pouco ou nada transpareceu ainda, contudo, da passagem à prática das medidas de colaboração e iniciativas previstas nesse protocolo, nomeadamente em termos de apoio a projetos de EA que envolvam escolas ou associações de defesa do ambiente" (p. 53).

Considerando as experiências internacionais, as lições vindas da América Latina dão-nos um considerável contributo. Para Silva (2013) e Lozano (2011), essa declaração da ONU também disparou diferentes conflitos em âmbitos acadêmicos e mediáticos, tanto em termos ontológicos, axiológicos e praxeológicos quanto semânticos, semiológicos e metodológicos. Em resumo, Silva (2013, p. 480) salienta que, ao realocar a EA ao lado da EDS, isso geraria, portanto, um oximoro carregado de imprecisões e ambiguidades conceituais na matização de um conceito dinâmico. Portanto, EA e EDS não são a mesma coisa. Para os países do norte, EA e EDS carregam uma semântica difusa daquela carregada pelos países do sul global.

Para Lozano (2011, p. 31), a crescente preocupação com as consequências provenientes de "um modelo de desenvolvimento antropocêntrico capitalista (e eurocêntrico), que sustenta uma ideologia de acumulação, consumo, exploração natural e social, e que idealiza um crescimento linear como princípio e fim do desenvolvimento", ligou um alerta para os legisladores da comunidade andina e latino-americana.

Viriato Soromenho Marques (2011, p. 107-108), num extenso debate a respeito da Deds em Portugal, realizado pelo Conselho Nacional de Educação (CNE), ao propor respostas para a questão "o que é educar para o desenvolvimento sustentável em tempos de crise?", afirma que para "educar para o ambiente e o desenvolvimento sustentável no âmbito escolar, caracterizado pela inevitável fragmentação de disciplinas e saberes, convida a ter em conta cinco princípios orientadores fundamentais". São eles: educar para uma cidadania interveniente; educar para uma visão crítica do desenvolvimento; educar tendo em conta a experiência internacional; educar integrando as lições da experiência nacional; e educar para promover uma sociedade mais coesa e um Estado mais eficiente (Marques, 2011). Considerando as experiências internacionais das epistemologias do Sul, uma cidadania interveniente não se generaliza em problemas da espécie humana, ambiente externo e ecológico, mas sim nas relações sociais baseadas numa alternativa ao desenvolvimento. Essa alternativa estaria fundada na Educação pela Natureza. Antônio Bispo dos Santos, o Nego Bispo (2023, p. 30, grifos do autor) afirma que *"humanismo* é uma palavra companheira da palavra *desenvolvimento*, cuja a ideia é tratar os seres humanos como seres que querem ser criadores, e não criaturas da natureza, que querem superar a natureza". O pensador quilombola expõe que a humanidade, ávida por um desenvolvimento, ainda que tutelada pelo adjetivo "sustentável", é contra o envolvimento, portanto, contra viver envolvido pelas árvores, com a terra as matas e florestas. Para Nego Bispo, "desenvolvimento, é sinônimo de desconectar, tirar do cosmos, quebrar a originalidade" (Santos, 2023, p. 30). Portanto, não se trata de desenvolver, mas de envolver. Rufino (2023) vira o assunto de ponta-cabeça, com jogo de corpo e outras mandigas, quando evoca Paulo Freire e Nego Bispo para revelarem uma educação mais que humana, quando aprendemos com as folhas:

> A defesa de uma educação mais que humana assume três frentes estratégicas. As duas primeiras são a denúncia e o combate ao racismo epistêmico e a colonialidade cosmogônica. A terceira se inspira nas contribuições de Freire (2014) para reivindicar a educação como uma constante busca pela vocação de **ser mais**. Dessa forma, se a compreensão dominante acerca do humano, como elaborado

> e mantido na esteira ocidentalizante, está impregnada de racismo epistêmico e colonialidade cosmogônica, a tarefa da educação é sermos **mais que humanos**. Essa tarefa pode vir a ser cumprida como práticas pedagógicas que estimulem escuta sensível e diálogo integral com as mais diferentes experiências comunitárias que se filiam a uma ética confluente e de biointeração (Santos, 2015, 2022 *apud* Rufino, 2023, p. 28-29, grifos do autor).

O autor está nos provocando a convidar os seres mais que humanos para a roda, para jogar nesse debate e encontrar propostas e soluções para problemas criados pela lógica colonialista, mas, certamente, a solução não estará nas mãos dos colonialistas (Ferdinand, 2022).

Num valioso estudo sobre a Educação pela Natureza, Soares (2016) remonta a trajetória da educação, sobretudo na sociedade brasileira a partir do início do século XX, em busca de cada vez mais ar livre num contexto da crescente transformação urbana e social, nutridas pela ruptura do corpo e natureza.

> Uma educação *pela natureza* e seus elementos com suas lições únicas passa a ser uma experiência exigida e proclamada como necessária, tanto ao desenvolvimento físico, quanto moral, afirmam os discursos médicos, políticos e pedagógicos do período (Soares, 2016, p. 23, grifo da autora).

Essas terminologias evidenciam a importância de um debate mais profundo em relação ao tema. No livro *Emílio ou da educação*, publicado pela primeira vez em 1761, Rousseau (1990) inicia um debate pedagógico buscando uma interação mais íntima com a natureza, de modo a evidenciar o seu papel no desenvolvimento e na formação humana. Longe de uma noção primitiva sobre a natureza, o filósofo iluminista propunha tomar a natureza e seus elementos como um guia e modelo para as práticas educativas. Soares (2016, p. 17) afirma que "as concepções desenvolvidas por Rousseau expressam uma compreensão de que a natureza e seus elementos educam os indivíduos curando-os de todos os males, sejam do corpo, sejam da alma".

Sobremaneira, faz-se necessária, para a contextualização desta pesquisa, a organização epistemológica dos conceitos de EA e EDS, de forma a buscarmos uma práxis para a consolidação dos termos e percebermos o limiar para a compreensão do conceito de Educação pela Natureza. Para o debate semântico e o entendimento desses temas, trago alguns pontos de vista. Tokuhama e Bramwell (2010, p. 122) definem de maneira mais concreta a EA para o Equador como

> [...] um processo que envolve uma aprendizagem ao longo da vida, por meio do qual se chega a perceber a complexidade do mundo natural e temas ambientais, utilizando várias estratégias para a tomada de decisões individuais e sociais, baseadas em conhecimentos integrados de várias disciplinas, levando a uma variação nas atitudes e ações para realizar uma mudança no mundo.

Em Portugal, Schmidt, Nave e Guerra (2010, p. 58) complementam a discussão conceitual ao afirmar que:

> [...] enquanto se diz que a EA valoriza os instrumentos amigos do ambiente e os comportamentos de tomada de decisão e ação por parte dos cidadãos favoráveis aos equilíbrios ambientais, dir-se-ia que a EDS incide mais diretamente nas competências de ação dos cidadãos. Enquanto a EA olha a proteção do ambiente no contexto social e económico, a sensibilidade ambiental promovida pela EDS é baseada na inseparabilidade, interconexão e interdependência dos três vértices da trilogia conceptual do desenvolvimento sustentável, a saber, economia, ambiente e equidade social. Isto significa ainda que, enquanto a EA é mais centrada na comunidade, o contexto, os parceiros e os problemas selecionados pelas EDS são, não só localmente relevantes, mas são também transversais à sociedade.

Para países como o Equador, a Bolívia e o Brasil, na América do Sul, a EA está (ou deveria estar) vinculada a um campo integrado de disciplinas, focado nas atitudes e compromissos pró-ecológicos, salientando a complexidade da Natureza. Em contraponto, os autores portugueses destacam que a EA estaria a serviço da instrução dos estudantes em busca de proteger o ambiente (e aqui é importante ler que se considera "ambiente" em vez de "Natureza") em benefício social e econômico. Schimdt, Nave e Guerra (2010) afirmam ainda que economia, ambiente e equidade social, temas transversais à sociedade, estariam interconectados pela EDS. Ou seja, tanto a EDS quanto a EA em Portugal está a serviço da economia e das relações capitalistas, enquanto nos países do sul global a Natureza não está a serviço de ninguém, pelo contrário, as relações mútuas em prol da manutenção da vida garantem a harmonia e o equilíbrio ambiental, alterado crucialmente pelas ações antrópicas.

A desconstrução nos países do sul desse discurso hegemônico sobre a EDS encontra força em ações de práticas agroecológicas orgânicas, em movimentos sociais que lutam por reforma agrária e pelo direito à terra e em muitas escolas do campo em regiões rurais, locais em que são sentidos mais diretamente os efeitos dos desequilíbrios ambientais. As interpretações e leituras que são feitas para conceitualizar tanto a EA quanto a EDS em diversas partes do mundo são muito amplas. Não espero aqui esgotar o debate. Entretanto, para compreendermos as terminologias e, sobretudo, as razões pelas quais determinados conceitos estão inseridos nos instrumentos que compõem os sistemas educativos português e dos países latino-americanos, que reconhecem a floresta jurídica (Biemann; Tavares, 2015), considerei necessária a contextualização desses pontos.

Nota-se, todavia, que o cerne do "contrato social" da sociedade de risco global, ou da "modernidade avançada" a que se referem Delicado e Gonçalves (2007), está desajustado com a capacidade do sistema de suportar seus objetivos. O ritmo de consumo dos países desenvolvidos demanda recursos equivalentes a três planetas, e isso não é sustentável, definitivamente. A educação sobre/no/para/com o meio pressupõe uma externalidade do ser humano do centro da "natureza das coisas" ou o "ambiente" e, paradoxalmente, o "meio" ambiente, semanticamente, é aquilo que está ao redor e não no centro. No entanto, sobremodo, sobram aqui preposições e falta, contudo, uma preposição no feminino — "pela" —, acrescentando um novo sujeito (ou *sujeita*) num novo contrato, não sendo este apenas social, mas, sobretudo, *natural*, abrindo-se, assim, um outro modelo que busca uma transgressão da EA e da EDS, porém sem desconsiderá-las: a Educação *pela* Natureza.

Na gramática portuguesa, o sujeito numa frase pode estar oculto, indefinido, expletivo ou nulo, podendo ser, em diferentes interpretações, sujeitado, como na ação de um verbo, significando ser reduzido à sujeição ou obediência pronominal. É um pouco dessa forma que a *sujeita* Natureza está oculta naquele contrato social dos Direitos Humanos da década de 1970, sendo sujeitada como um bem, um recurso, um patrimônio, uma fonte de riqueza e exploração para atender aos anseios de um urgente desenvolvimento (capitalista) sustentável.

Contudo, num desdobramento do pensamento de Lucrécio, exposto anteriormente, percebo que essas regras sociais que ligam os humanos tratam o natural por *coisa,* mas são, em suma, uma absorção das observações das leis naturais. Leopold (2008) pergunta por qual razão nenhum regulamento acerca dos processos educativos para a natureza foi escrito. Ele nos diz que "a comunidade não está ainda preparada para os respeitar; a educação tem que preceder as regras" (p. 194). Portanto, está na educação, nas práticas educativas, nas subversões ou versões dos sistemas educativos dos Estados e países, a precedência no trato, cuidado, preservação e afeto pela Natureza. Os recentes e alarmantes eventos climáticos, pandemias, colapsos hídricos e desequilíbrios meteorológicos são uma evidência, ainda que de modo brutal e fatal, de que a Natureza detém uma sabedoria. Portanto, essa educação a que se refere Leopold (2008) vem dela, por ela. Desse modo: Educação pela Natureza. Desde 1972, em Estocolmo, alertas são feitos. Ambientalistas, militantes, povos originários, tradicionais e ancestrais, os encantados e outros mais estão nos avisando, incessante e incansavelmente, como adiar o fim do mundo (Krenak, 2019) e evitar que o céu caia (Kopenawa; Albert, 2015). Esses senhores e senhoras serão postos na desagradável posição daqueles que disseram um dia: "nós avisamos".

Associa-se fortemente a floresta mediterrânea a um risco latente: os incêndios florestais são, atualmente, a maior preocupação ambiental dos portugueses (Almeida, 2004). No Brasil, os biomas do Pantanal, Mata Atlântica, Amazônia e Cerrado estão à beira de um não retorno. Já observamos que há uma região de clima árido no sertão da Bahia (Figueiredo, 2024), ou seja, deserto comparável ao Saara. Faz-se, pois, necessário entender esse oximoro preocupante num país florestal e, portanto, entender o papel das várias funções da floresta na vida atual e futura da sociedade, de modo a contribuir para um envolvimento social que torne as políticas públicas sobre esse tema mais sustentadas, consistentes e eficazes (Abae, 2018, p. 8). Almeida (2004, p. 7) salienta que as diferenças semânticas entre natureza, ambiente e ecologia impelem estudar "não apenas as relações entre o simbólico e as práticas, mas também, a montante, as relações entre valores e representações e os seus grupo-suporte". Numa pesquisa realizada em 1999, "muitos portugueses reconheceram com efeito, que em diversos aspetos referentes ao ambiente agem aquém do que deveriam" (Almeida, 2004, p. 2). As razões disso vão da falta de informação suficiente à carência de apoios de responsabilidade pública.

Esse ponto de vista inspirou-me a refletir sobre a consideração que Portugal dedica à sua terra, ao seu território, às suas florestas e à natureza. Segundo Leopold (2008, p. 189), "a terra, como as jovens escravas de Ulisses, é ainda considerada propriedade" e, acrescenta o autor estadunidense, "a relação com a terra é ainda estritamente econômica, implicando privilégios, mas não obrigações". Portanto, uma ética da terra é a urgência de uma possibilidade de evolução e uma necessidade ecológica. Com uma situação ímpar no planeta[17], os direitos sobre a natureza em Portugal são maioritariamente privados. A propriedade florestal do Estado português representa apenas 3% da superfície arborizada do território[18], sendo o restante (97%) de espaços florestais divididos entre: a indústria papeleira (4%), baldios (6%) e outros privados (90%). Ou seja, numa metáfora, se a floresta portuguesa fosse um sujeito, ela estaria entre muros ou cercas, com acesso restrito, emparedada por normas e posses, como afirma Leopold sobre as escravas de Ulisses.

A educação desemparedada molda atitudes e internaliza valores tão profundos quanto subjetivos, como, por exemplo, as regras sociais e os processos educativos dos povos indígenas, aqueles que têm a floresta como casa, como escola, como mestra e guardiã da sabedoria ancestral. A Escola Viva do povo Maxakali, em Teófilo Otoni/MG, nominada como Aldeia-Escola-Floresta, é uma inspiração. As lideranças indígenas Sueli Maxakali e Isael Maxakali (2023, p. 315) nos contam que

> Onde há aldeia, tudo é sala de aula. Onde há árvores e sombra, temos sala de aula. As crianças vão cantando os nossos rituais, elas imitam; na beira do rio elas vão brincar, cantar e escrever na areia. Tudo é sala de aula dentro da

aldeia. Todos os homens vão cantando para o mato, vão tirando madeira e vão cantando. Por isso demos o nome Aldeia-Escola-Floresta: porque toda a aldeia é escola. Onde há sombra, as mulheres vão se juntar e fazer artesanatos. As crianças vão chegando, escutando ao lado delas e aprendendo também. Onde há uma barraca de ritual, temos uma escola verdadeira, muito importante. Nela vai haver canto, história, cultura, comida tradicional.

Tiriba (2018, p. 46) convida-nos a um mergulho nas culturas dos povos e comunidades originários e tradicionais brasileiros e latino-americanos para compreendermos a

> [...] internalização de valores, atitudes e conhecimentos que estão na base de suas cosmovisões: cuidar de si, de nós, da natureza; respeitar as crianças como seres que têm uma visão de mundo própria; valorizar os saberes femininos; fazer a roda, dançar e cantar, conhecer o corpo inteiro, experimentar o "ser-coletivo", aprender-ensinar a democracia.

Aquilo que estou chamando aqui de Educação pela Natureza triangula campos epistemológicos com a EA e a EDS, mas não disputa espaço; ela envolve, não des-envolve. Ela é orgânica, coletiva, diversa. Os pontos apresentados confluem visões e terminologias distintas para práticas educativas muito próximas — podemos fazer a leitura de um encontro entre as epistemologias do sul com as do norte. Pegar o que há de bom em cada uma dessas ideias e colocar no embornal, pois muito em breve entrará na muvuca. Desse modo, projetar a Educação pela Natureza, de modo contracolonial teórico-brincante (Cavalieri; Mello; Tiriba, 2022), advinda de uma perspectiva ancestral e latino-americana, por exemplo, no desemparedamento das práticas educativas em projetos na Europa e outros países pode parecer utópico, mas é possível. Quero dizer que para construir esta pesquisa, tomei essa lente do sul global e fui olhar para o que estava sendo proposto num pedacinho de terra no norte global. Noutro sentido, a aprendizagem sequencial da Sharing Nature (EUA), como organiza Cornell (2008), por meio do despertar o entusiasmo, de focar a atenção, da experiência direta e da partilha de inspirações, encontrou-se no projeto Bloom (Portugal) de forma bem potente com uma outra abordagem, a Forest School (UK), ou seja, EUA, Reino Unido e Portugal sob um escrutínio brasileiro. Será por meio da tese do desemparedamento da infância elaborada pela professora Tiriba (2018), mulher afro-indígena, brasileira e ambientalista, que farei uma leitura sobre esses encontros, sobre essa muvuca, essa mistura.

1.3 Desemparedamento da infância

A educadora-ambientalista Lea Tiriba (2018, p. 17) criou a expressão "emparedar a infância" para, segundo ela,

> [...] designar a ação de manter as crianças entre paredes nos muitos espaços além das salas de atividades das Instituições de Educação Infantil (IEIs) - dormitório, refeitório, sala de vídeo, galpão -, e também para expressar a condição de emparedamento a que são submetidas.

É na consolidação da sociedade patriarcal-urbano-capitalista-industrial que a autora identifica o afastamento sistematizado das sociedades, principalmente durante a infância, do contato com a natureza e dos ambientes externos, sem muros. Após as revoluções burguesas na Europa, nos séculos XVIII e XIX, o trabalho passou a exigir basicamente todo o tempo produtivo e ativo do indivíduo. Na segunda metade do século XX e começo do XXI, vemos em megalópoles como São Paulo, Cidade do México, Londres e Madri uma outra supressão do tempo "útil" do trabalhador médio, sendo exigidas outras tantas horas do seu dia para o deslocamento diário de sua casa ao trabalho (nesse caminho, faz-se um leve desvio para deixar as crianças na creche ou na escola). Considerando ainda as sete horas mínimas de descanso que deveria fazer, resta apenas um quarto de sua semana para desfrutar "livremente" em atividades criativas ou de lazer. Enquanto pais e mães estão dentro dos muros das fábricas, nas lojas de comércio ou nos escritórios das empresas, seus filhos e filhas estão entre paredes das creches, um ambiente que deve ser salubre, limpo, climatizado, asséptico e, consequentemente, estéril, cinzento, quadrado, linear, cartesiano e regrado, muito parecido com o ambiente fabril.

> Para não reproduzir, no cotidiano das creches e escolas, esse modo de funcionamento social em que os tempos e os espaços vão sendo tragados pela lógica do produtivismo, um dos desafios foi o de compreender como uma engrenagem burocrática de atendimento vai roubando tempo para as narrativas, vai corroendo as interações afetivas, vai retirando as crianças dos ambientes que mais as agradam (Tiriba, 2018, p. 23).

A professora afirma ainda que será necessário, para a construção da sua tese, agarrar-se à ideia de um "equilíbrio ecosófico" como alternativa a esse contexto de produtivismo desenfreado. O conceito de ecosofia[19] organiza esse equilíbrio, que será um processo holístico, em três ecologias: mental, social e ambiental. "A ecologia mental diz respeito à qualidade das relações de cada ser humano consigo mesmo; a ecologia social está relacionada à qualidade das reações dos seres humanos entre si; e a ecologia ambiental diz respeito às relações dos seres humanos com a natureza" (Tiriba, 2018, p. 27). É nesse lugar de desenvolvimento holístico e sistêmico que os processos educativos pela Natureza ressoam no contexto da civilização capitalista moderna as referidas habilidades socioemocionais, tão evocadas ao devir do século XXI nos documentos multilaterais de organismos internacionais.

Essas necessidades foram incluídas em exigências legais brasileiras a respeito da educação integral de crianças em múltiplas dimensões de saberes: corporal, emocional, cognitiva, espiritual, lúdica, política, social etc. (Carvalho, 2013) Entretanto, enquanto as instituições de educação infantil, que são assumidas como complementares à educação da família e da comunidade (o que amplia o conceito de educação), forem consideradas apenas como locais de guarda, de único lugar de desenvolvimento de competências, de educar na tenra infância, serão consolidados espaços de emparedamento e de docilização de corpos limitados em suas pulsões de desejo e alegria. Estas são partes das causas de um efeito maior e evidente: a degradação ambiental.

> Emparedadas, elas vão sendo despontecializadas, adormecidas em sua curiosidade, em sua exuberância humana. Como diria Foucault (1987), seus corpos vão sendo docilizados. Sua subjetividade vai sendo modelada. Essa situa-

> ção corresponde, no plano macropolítico, a um quadro socioambiental em que a natureza vai sendo também destruída. Esse duplo e simultâneo processo de degradação vai fazendo da Terra um planeta inóspito, inadequado para a vida das espécies que hoje o habitam. E, das instituições educacionais, espaços de aprisionamento, de impotência (Tiriba, 2018, p. 37).

São inúmeros os desafios encontrados para provocar uma desaceleração desse movimento de desconexão do humano com a natureza, ou, nas palavras de Simas e Rufino (2019, p. 19) de desmantelar esse "carrego colonial". Tiriba (2018) aponta-nos em sua tese cinco desafios que se colocam diante dos processos formativos de educadores e educadoras e, consequentemente, desses profissionais com as crianças. São eles: *reconectar-se com a natureza; dizer não ao consumismo e ao desperdício; redesenhar os caminhos de conhecer; dizer sim às vontades do corpo; e, finalmente, aprender e ensinar a democracia.*

A autora apresenta-nos a fórmula do sucesso do capitalismo e da sociedade moderna: o divórcio do ser humano com a natureza, a separação do corpo e da mente, a fragmentação do pensar-fazer e do trabalho-lazer (Tiriba, 2018). Essa separação está posta em cada plano de aula, em cada calendarização que focaliza mais em datas comemorativas de cunho comercial ou monorreligioso do que nos interesses das crianças. Focalizam-se mais em regulação, hierarquização e disciplinarização da relação professor-aluno do que na relação autoformação e liberdade dos corpos infantis. Todos esses fatores evidenciam que a escola não tem pela dimensão do corpo a mesma consideração que tem pela dimensão da mente.

Anteriormente falamos aqui do Direito da Natureza. Tiriba (2018) ressalta um outro aspecto. O trabalho da ambientalista brasileira está focado no direito da criança *à* natureza, ou seja, ter acesso ao mundo natural é um direito da criança e de todas as pessoas no mundo. *Reconectar-se com a natureza* não é apenas uma necessidade, é um direito. Portanto, faz-se necessário e urgente experienciar a Natureza como quem experiencia o próprio corpo, desenvolvendo as sutilezas de perceber e ler o mundo a partir dos sentidos, criando sentidos e significados para as coisas vividas justamente no vivido, no momento, na interação. A autora sopra o verso que, para desfazer esse colapso provocado pela ruptura forçada do humano com a natureza, essa valorização ao artificial, será necessário abrir um caminho que busca a sobrevivência do planeta, dos animais, das plantas, dos ecossistemas, dos biomas e dos seres humanos.

Portanto, *dizer não ao consumismo e ao desperdício* projeta um caminho a essa religação e nos impulsiona a outros caminhos alternativos ao des-envolvimento desenfreado e in-sustentável. Um outro caminho que pode dialogar com as ideias de Santos (2023), o Nego Bispo, e que encontra alinhamento com Tiriba (2018), é a ideia de "decrescimento sereno" de Latouche (2011), quando nos fala de um círculo virtuoso (diferentemente do conceito utilizado pelos fisiocratas na década de 1960), que é articulado de forma sistêmica e ambiciosa de mudanças, formando um conjunto de oito "Rs", que aponta para um consumo consciente e desperdício zero. São eles: reavaliar, reconceitualizar, reestruturar, redistribuir, relocalizar, reduzir, reutilizar e reciclar. Serão, portanto, segundo Latouche (2011, p. 50), esses oito dispositivos de mudanças "suscetíveis de desencadear um processo de decrescimento sereno, convivial e sustentável".

De que adiantaria essa escola que se diz dedicada à educação para o desenvolvimento sustentável, mas que incentiva o ato compulsivo e compulsório de comprar materiais inúteis à prática pedagógica, como determinados elementos plásticos, com base em petróleo, impermeabilização do pátio etc. Ou seja, a reformulação dessas abordagens metodológicas e de práticas educativas está diretamente relacionada à forma pela qual as educadoras são formadas e, doravante, traz-nos o terceiro desafio proposto pela autora, que é o *redesenhar os caminhos de conhecer* "na contramão de um modo de funcionamento institucional que mantém as crianças apartadas do mundo natural" (Tiriba, 2018, p. 43). Quem foi mesmo que disse que a única forma de aprender coisas é ouvindo aulas? Parece-me não fazer sentido essa metodologia exclusiva de "um fala e outro ouve". Redesenhar os caminhos de conhecer, saber, aprender-ensinar e vivenciar está ligado diretamente a uma imagem metafórica de fazer trilha na floresta com crianças ou grupos. No meio do caminho tinha uma pedra, mas também um tucano atacando um ninho, um jacu abatido por um felino, um escorpião-amarelo carregado de filhotes. Ou seja, convite aos desvios. Havia interações que não estavam previstas ao se planejar o caminho, e essas surpresas imprevisíveis devem compor os caminhos do conhecer. Portanto, há inúmeras formas de desenhar os caminhos de conhecer, e é sobre isso que o desemparedamento gira. Sinto que há uma necessidade latente em superar o modo tradicional de planejar aulas, organizar o tempo, coordenar professores, cobrar diários e relatórios de classe e estabelecer conexões entre família-escola-crianças, para se respeitar o preceito básico da vida: *dizer sim às vontades do corpo*. Este, que figura como o quarto desafio apresentado pela autora, é, a meu ver, um dos mais importantes dentro da prática educativa na natureza.

Os tempos subjetivos de cada criança devem ser respeitados, e os corpos vão se aconchegando na escola ou no ambiente educativo. É da natureza humana superar seus limites, desabrochar e romper barreiras. Os desejos e as vontades do corpo de subir, trepar, pular, correr, tocar e explorar devem receber vários, constantes e cotidianos sins. Sim à vontade do corpo para que as crianças sintam liberdade e fujam de limitações emocionais que atravancam o desenvolvimento físico, mental, emocional, comunicacional, espiritual e cognitivo. É pelo corpo que aprendemos. E se, portanto, o corpo pede, faz-se necessário estarmos porosos para acolher esses anseios. Os tempos e espaços escolares são, muitas vezes, modos de domínio brutais que encontram nessa lógica docilizadora de corpos uma falsa impressão de que é assim que se assegura a aprendizagem e que o tempo no pátio é o ócio desnecessário. O desemparedamento se alia a corpos que precisam estar livres para atravessamentos, como nas aldeias indígenas, em que as crianças podem acessar todas as partes e espaços, a qualquer tempo, da comunidade. Sobre as infâncias indígenas, falarei logo adiante. Desemparedar corpos, mas não só. As mentes também precisam ser desemparedadas para que pensamentos, ideias e ações provenham de campos e inspirações referenciados em povos que vivem essa liberdade.

Por fim, *aprender-ensinar a democracia* é outro grande desafio e está também, como não podia deixar de ser, na base dos processos formativos. Segundo Paulo Freire (1978 apud Tiriba, 2018), é preciso desconstruir as relações humanas verticais e fundar outras, horizontais. Está na lógica opressora a manutenção das regras e normas em que se fundam a institucionalização, a formalização e a organização da escola tal como está posta. Portanto, a percepção da natureza como mercadoria e recurso é, de certa forma, a naturalização dessas imposições, que não é questionada, reproduzindo a lógica hegemônica das relações de poder: entre adultos, entre adultos e crianças e entre seres humanos e não humanos. E está na lógica do desemparedamento da infância a eterna busca pela reconexão do Humano com a Natureza. A partir da premissa do desemparedamento das infâncias, fica evidente que a Floresta~Escola como proposta de abordagem educativa se consorcia harmonicamente a essa conjuntura emancipatória, libertária e ecológica. Então, em quais ideias-sementes estão germinadas essas raízes? A ver!

1.4 Floresta~Escola

Como exposto anteriormente, tenho sintetizado o conceito de Floresta~Escola como sendo um embornal que levamos a tiracolo e que está carregado de uma muvuca de ideias-sementes germinadoras de abordagens diversas. A muvuca é uma imagem de diversidade, de variedades. Portanto, estando com um grupo diverso de crianças e adultos, de plantas e animais, certamente precisaremos estar, como educadoras, preparadas para acolher os diferentes tempos de relação e as diferentes formas de se relacionar com os seres viventes e não viventes, humanos e não humanos. Neste estudo, não darei conta de pormenorizar cada uma das abordagens que me inspiram, mas deixo registradas algumas referências como guias: 1) folguedos populares brasileiros e as brincadeiras cantadas e de roda (Pereira, 2019); 2) brinquedos naturais que despertam conhecimento sobre a natureza (Adelsin, 2014); 3) produção de materiais escolares ecológicos e artesanais; 4) metodologia contracolonial teórico-brincante (Cavalieri; Melo; Tiriba, 2022); 5) Quintais Brincantes brasileiros (MQB, 2022); 6) Sharing Nature (Cornell, 2008); 7) Shirin-yoku, banhos de floresta japoneses (Clifford, 2018); 8) Forest School (Knigth, 2013); e 9) técnicas artísticas naturais (impressões botânicas, desenhos e bordados). Dentro desse embornal, levo também um debate sobre EA e EDS.

As iniciativas de EA concentram-se em temas exclusivos, como os resíduos, a fauna e a flora, vilipendiando assuntos que implicam abordagens mais integradoras, como o letramento racial, as práticas educativas antirracistas, o racismo ambiental, o ordenamento do território, as culturas ambientais, as tradições ancestrais, a bioarquitetura, a cidade verde, a permacultura, a cidadania, a agrofloresta ou um consumo mais sustentável. Considerando cada um desses conceitos-sementes dentro de um embornal a tiracolo, conseguimos perceber uma poética definição daquilo que chamo de Floresta~Escola. Portanto, o que torna a abordagem ecopedagógica da Forest School tão eficaz e diferente da EA e da EDS, e que estou projetando para a Floresta~Escola, segundo Patrick Harrison,

> [...] é que ela se concentra na criança - de onde ela vem e para onde ela está tentando ir. Ela se concentra em descobrir a maneira inata da criança de interagir com o mundo e encontrá-la, ao invés da abordagem usual do "tamanho único". Muitas outras práticas ao ar livre têm a capacidade de fazer isso, mas a diferença é que a Forest School faz isso conscientemente (Harrison, [2017?], p. 5, tradução própria).

Harrison foi meu professor e inspirador nessa abordagem. Em 2017, na Costa da Caparica, fiz a formação em Forest School e pude sentir que a simplicidade e o amor que transbordam em suas aulas fizeram com que a afirmação de Pacheco (2018), sobre a formação do professor ser isomórfica, ser verdadeira, ou seja, o professor ensina do mesmo modo que ele aprende.

Não são todas as práticas educativas ao ar livre que são necessariamente entendidas como Floresta~Escola. Algumas iniciativas em Portugal[20] traduziram o termo *Forest School* para "escola da floresta", como, por exemplo, o projeto Escola da Floresta Bloom. Porém, a tradução feita dessa forma poderia reproduzir, justamente, a forma escolar que é "negada" na práxis dos projetos que se propõem à prática educativa ao ar livre, ainda que não exclusivamente na floresta. Ao ler "escola da floresta", podemos entender que a "forma", a "organização" e a "instituição" (Canário, 2005) escolar foram levadas "mata adentro", e, então, aplicou-se lá seus "mais do mesmo".[21] Faz-se, aqui, uma leitura tanto sintática e semântica quanto epistemológica da tradução, que, ao traduzir, trai o sentido original (*traduttore, traditore*[22]). Por outro lado, ao traduzir o termo *Forest School* para Floresta-Escola, com hífen unindo dois substantivos, sugere gramaticalmente uma única ideia: uma unidade florestal (bosques, parques ou campos) extramuros, entendida como um espaço (*lugar praticado*[23]) de aprendizagem de múltiplas áreas do conhecimento[24]. Sobretudo, um lugar de desenvolver a autonomia na aprendizagem, promovendo o respeito pela Natureza (não apenas a floresta), pela educadora, e pelo ambiente, com a finalidade escola. E, na outra ponta, a "Escola" não é prédio/cimento; escolas são pessoas, sujeitos de aprendizagens, agentes da transformação social, educadoras em autoformação. Na definição de Blackwell (2015, p. 4):

> [...] as Florestas-Escola não são edifícios, instituições ou organizações, mas bosques locais, espaços verdes, *playgrounds* naturais ou espaços onde as crianças passam pelo menos metade do dia em bases regulares. Assim, as atividades realizadas nas Florestas-Escola variam e são influenciadas por fatores internos e externos, como clima, estação, interesse das crianças, comunidade, paisagem, ferramentas utilizadas entre outros fatores (Blackwell, 2015, p. 4).[25]

As Florestas~Escola, tal como entendo, são símbolos de uma abordagem ecopedagógica diferente para as crianças, pais, mães e professores que estão habituados ao sistema educativo e seus padrões. A "forma escolar", segundo Canário (2005, p. 69), é uma "modalidade de aprendizagem, baseada na *revelação*, na *cumulatividade*, e na *exterioridade*, possui autonomia própria e pode, portanto, existir independentemente da organização e da instituição escolar, como acontece nos nossos dias". Assim, ela pode existir, inclusive, sem depender de um edifício ou paredes. Ou seja, a forma escolar pode prevalecer com sua hierarquia, provas, exames, conteúdos, tempos fragmentados e rígidos mesmo estando num ambiente agradável e/ou florestal. Isso não é Floresta~Escola; é a escola na floresta. É preciso iluminar essa diferença.

As principais características que podem sintetizar a abordagem da Floresta~Escola incluem sessões frequentes e regulares durante um longo período, podendo atravessar todo o ano letivo das rotinas estabelecidas e a liberdade de assumir riscos. Blackwell (2015, 39), referindo-se à Comissão Florestal na Escócia[26], identifica os benefícios revigorantes e a influência da natureza não só na aprendizagem ao longo da vida, mas também nas várias esferas da vida (*lifewide*).

São muitos os exemplos espalhados pelo mundo, tanto de estudos acadêmicos quanto de institutos privados de solidariedade social ou organizações não governamentais atuantes na prática no terreno, que concluem ser benéfico para a saúde o contato com a natureza na primeira infância, durante a juventude e ao longo da vida. Alguns exemplos encontrados em Portugal e no Brasil que ainda estão na atividade e outros que já encerraram seu ciclo serão citados a seguir com o objetivo de termos um panorama de referenciais praxeológicos.

Destaco o jardim de infância português do *Projeto Fora de Portas*, do Centro Social Infantil de Aguada de Baixo (Censi), em Águeda, quando "duas crianças que raramente brincavam juntas dentro da sala encontraram um interesse em comum no espaço exterior" (Bilton; Bento; Dias, 2017, p. 59) e desfrutaram os efeitos da chuva. As autoras observaram no decorrer do projeto, as mudanças nas crianças de 0 a 6 anos como a diminuição de pequenos conflitos, além da diversidade de materiais e a existência de desafios, provocam a prática do trabalho colaborativo.

Outros exemplos: o Movimento Bloom[27], em Sintra, representante da Sharing Nature em Portugal, a partir do cruzamento com a Forest School, desenvolveu a Forest Flow aplicada a crianças e adultos; a Academia da Alegria[28], em Mafra, oferece sessões de Escola da Floresta para as unidades escolares e famílias interessadas; a Escola da Mata, com sede no Pinhal de Leiria; o projeto Play Brincar para Crescer[29], no Porto, conta com uma horta imensa anexa à área da casa; a Associação Educativa Humanista Ingah[30], na Maia, oferece vivências ao ar livre; o projeto Mundo Somos Nós[31], em Braga, tem como finalidade religar as crianças com a natureza; os encontros da Tipi – Educação na Natureza[32], na Tapada das Necessidades, em Lisboa, oferece uma opção num centro urbano; o projeto Serei(a) do Jardim da Associação Nacional de Intervenção Precoce (Anip), no Jardim da Sereia no centro de Coimbra, permite que crianças brinquem livremente ao ar livre; a Keti Keta Associação pela Colaboração com a Natureza[33], em Aveiro, conta com um jardim de infância num ambiente planejado com base na permacultura e agrofloresta; o Projeto Raízes[34], em Palmela, oferece interação holística e livre destinada a crianças de 1 a 6 anos; e, por fim, o projeto Globetrotter[35] mapeou cerca de 33 projetos de escolas alternativas em 15 países, inclusive em Portugal. Essas iniciativas são a prova de que o assunto é pertinente, está em voga e, principalmente, está espalhado por todo território português para além de sua extensão continental. Nas regiões insulares portuguesas destacam-se o projeto Nos Trilhos dos Açores (Bettencourt; Gomes, 2014), que, por meio da fotografia, desperta a observação atenta do patrimônio ambiental açoriano e, na Ilha da Madeira, a Escola da Floresta[36]. Esses são alguns dos exemplos das regiões autônomas de Portugal com projetos significativos de ligação da educação com a natureza. Certamente há dezenas de outros projetos em construção, em atividade ou que descontinuaram suas ações e que merecem a devida atenção.

No Brasil, destaco alguns projetos públicos ou privados que percebem a Floresta~Escola como inspiração e/ou cerne de suas práticas. Alguns desses projetos, talvez a maioria deles, eu vi nascer e crescer no contexto do Curso de Extensão Vivência Formativa em Floresta~Escola que coordeno no contexto da Pedagogia para Liberdade, polo da UniBF (União Brasileira de Faculdades) em Juiz de Fora/MG. Aprendi muito com esses projetos e sigo aprendendo. Percebemos a extensão territorial em que esses projetos estão dispersos, de norte a sul deste país de proporções continentais.

Na minha cidade natal, Barra Mansa, no estado do Rio de Janeiro, o projeto Floresta-Escola UBM[37] começou em 2017, comigo à frente atendendo ao Colégio UBM da educação infantil ao ensino médio, em sua floresta própria, anexada ao terreno da instituição. Em meados de 2022, o projeto se reconfigurou e as estruturas foram descontinuadas. A Floresta Escola[38] em Teresópolis/RJ é um exemplo de resiliência, criatividade e práxis. Ela é liderada e coordenada por mulheres, entre elas, minha amiga e parceira Catalina Chlapowski. Esse projeto atua dentro do Parque Nacional da Serra dos Órgãos (Parnaso) e está em atividade desde 2017. O trabalho que Renata Niemeyer, Adriana Salles e Kelvin Kelton faz com o Acampamento Vagalume[39] é uma beleza sem tamanho, com uma agenda extensa de encontros, acampamentos, oficinas e eventos na Floresta da Tijuca, na cidade do Rio de Janeiro. A Kaeté Educadora Comunidade de Aprendizagem e Escola da Floresta[40], em Petrópolis/RJ, atende jovens e crianças de comunidades empobrecidas daquela cidade e que também atuam em unidades de conservação públicas e privadas. Em Paraty-Mirim/RJ, o Jardim do Beija-Flor[41] é coordenado por Mónica Calderon e me foi apresentado por Tamara Cardoso, Isabela Borges e Pedro Viana, educadores do projeto que leva crianças pequenas a explorar as belezas da região com rios, floresta e praia. No estado do Rio Grande do Sul, destaco o projeto Natureza Viva[42], na longínqua cidade de Rio Grande/RS, onde Giselle Perazzo guia crianças e famílias no Parque Urbano do Bolacha a partir das vivências inspiradas na Floresta~Escola. Na capital gaúcha, de algum modo, vi brotar o Pés na Terra Lab[43] que, a partir da arte, da contação de história, da música, de atividades sensoriais e exploratórias, frutas do interesse das crianças,

Juliana Loureiro, da Jornada Educativa de Porto Alegre/RS, organiza suas propostas brincantes na natureza. Em Jaraguá do Sul, no estado de Santa Catarina, ouvimos o Ressoar das Infâncias[44], de Margareth Schafranski, no conjunto de formações de professores e na atuação direta com crianças no Parque Malwee. Na capital catarinense, em Florianópolis/SC, Cecília Mozzaquattro da Silva e Elizabeth Gorgone estão à frente da Naturecer – Educação com Natureza[45], guiando crianças pela ilha e desenvolvendo afeto por aquele bioma. Ainda em Santa Catarina, na cidade de Criciúma, Gabriele Mariane coordena o Cria Aventuras[46], que se dedica, junto a parceiros institucionais, a guiar crianças e famílias em encontros turístico-educativos como na rota baleeira de Imbituba e Garopaba no litoral do catarinense. Em Brumadinho/MG, Valnice Gonçalves[47], educadora na escola Alecrim da Serra[48], desperta os sentidos, os afetos e a criatividade de crianças pequenas nas sessões de Arte e Natureza. Na capital federal, em Brasília, Cristina Torres, guia de terapia na floresta, da *Ikigaia*[49] realiza sessões com caminhadas lentas e contemplativas em espaços naturais do cerrado brasileiro. Ainda no contexto do areião do cerrado, o trabalho de Mônica Passarinho[50] no sítio Terra Krya e a concepção do Templo à Educação, um espaço de formação em Educação Sistêmica, agroflorestal e coerente com os biomas é rota certa para se visitar. Só precisa achar, pois não está no mapa. O projeto Inglês na Natureza[51], da estadunidense Elisabeth Smith, funciona na Ilha Bela/SP com pequenos grupos que, a partir da vivência em sessões na natureza exuberante daquele território, aprendem a língua inglesa. O Quintal Educativo[52], em Vargem Grande Paulista/SP, guiado e liderado pela atriz e educadora (e minha amiga pessoal) Daniela Gaspar, está num contexto muito privilegiado, pois está cercado de Mata Atlântica preservada pela iniciativa do Sitiom, uma ecovila intencional que aplica os princípios da permacultura, da agrofloresta agroecológica e das tradições ancestrais na criação do seu território-terreno, atendendo, principalmente, às escolas públicas em seu entorno. Ainda no estado de São Paulo, em Ribeirão Pires, meu camarada Vinícius Marquesim inspira-nos com suas ações em agroecologia, Floresta~Escola e bioconstrução no Programa Lebem Eco – Educação e Sustentabilidade[53]. Em Ribeirão Preto/SP, a Escola Sathya Sai está em processo de verdejar suas práticas a partir das ações inspiradoras da bióloga Vera Cristina Silva em parceria com a diretora Ariana Ribeiro e da coordenadora Michele Tofanello. A Escola Douradinho[54], idealizada por Thiago Cascabulho, meu conterrâneo de Barra Mansa/RJ, mas que hoje já ganhou o Brasil todo, é um espaço virtual de formação de educadores, pois, a partir da literatura, faz encontros com crianças e adultos em prol da preservação das águas do planeta. No estado do Paraná, no sul do país, destaco o trabalho impecável, sutil e carinhoso da Bruna Rodrigues com o Quintal Obaobá[55], que, além de formações para educadoras, se dedica a cuidar das infâncias de modo brincante, livre e em contato com a natureza.

Não posso deixar de fazer referência e reconhecer projetos inspiradores como a Casa Redonda[56], em Carapicuíba/SP, criado por Maria Amélia Pinho Pereira e que há 40 anos acompanha o desenvolvimento de crianças na liberdade e na interação com a natureza. Na capital carioca, destaco o projeto educativo da Jangada Escola[57], localizado no Cosme Velho, no Rio de Janeiro/RJ. Esse projeto é coordenado por Gabriela Macedo e Miguel Mendes, que, a partir dos valores civilizatórios afro-brasileiros de Azoilda Loretto da Trindade, traçam um itinerário pedagógico coerente que alia agrofloresta, educação antirracista, letramento racial, literatura infanto-juvenil, brincadeiras tradicionais brasileiras, entre outras práticas. Por fim, faço referência ao Movimento Quintais Brincantes[58], que articula centenas de projetos, escolas, quintais e mães crecheiras de todos os cantos do Brasil, aglutinados por princípios comuns como o livre brincar, reconhecer a criança como mestra, uma escuta e um olhar sensível para o ser criança, além de simplicidade e sutileza no fazer a relação entre crianças, adultos e natureza.

Esses são projetos que tive contato ou conheci de perto. Todos eles, de algum modo, contribuíram para que eu pudesse tecer o entendimento, a construção e a elaboração dessa ideia de Floresta~Escola, de modo micélico, rizomático, conectado, cooperado, enfim, de modo sistêmico, holístico e integral. Há, no Brasil, algumas centenas de projetos e inciativas que abordam as infâncias, a educação e a natureza. Certamente uma pesquisa mais alargada sobre o assunto poderá dar conta de realizar um mapeamento tão inspirador quanto o publicado pelo Movimento Quintais Brincantes[59].

Uma questão que passei a incluir nas minhas considerações a respeito do desenvolvimento do conceito de Floresta~Escola é a pauta antirracista e de letramento racial aliada aos discursos ambientalistas e, ainda, ao conceito de infância. Há certo isolamento das pautas: ou só se fala de meio ambiente, ou só se fala de antirracismos ou só se fala de infâncias nas rodas de debates e eventos acadêmicos. Dificilmente esses três temas debatem juntos na mesa. Dentro do GiTaKa/Unirio, sob orientação da professora Lea Tiriba, que identificou em suas pesquisas recentes esse problema de desconexão epistemológica, pude desenvolver uma leitura em busca de aliar essas três pautas num debate mais alargado que considere essas frentes como aliadas, amalgamadas e cruciais para conter o colapso global e o desequilíbrio climático[60]. Portanto, faz sentido trazer a Floresta~Escola para essa missão. Estará, então, na Educação Infantil Ambiental de(contra)colonial assegurar o equilíbrio climático e a justiça social?

A partir do conceito da *ecologia decolonial* montado por Malcon Ferdinand (2022), pude perceber a desconexão entre as "pautas verdes" com o movimento negro expondo as fraturas coloniais e ambientais. Ferdinand (2022, p. 26) destaca o pouco espaço às questões raciais e coloniais que as contribuições dos ecologistas, ecofeministas e ecologistas sociais e políticos dão ao debate quando enfatizam o meio ambiente a uma exigência de igualdade entre mulheres e homens, como emancipação política e justiça social.

> Ao deixar de lado a questão ambiental e animal, os movimentos antirracistas e pós-coloniais passam ao largo das formas de violência que exacerbam a dominação de pessoas escravizadas, colonizados e mulheres racializadas. Essa dupla fratura tem como consequência estabelecer a arca de Noé como metáfora política adequada da Terra e do mundo diante da tempestade ecológica, trancando no fundo do porão da modernidade os gritos de apelo por um mundo (Ferdinand, 2022, p. 32).

Esse tema, que considera essas frentes como aliadas, merece um estudo mais amplo e profundo. Por agora, cabe salientar a necessidade urgente de que essas pautas estejam, de certo modo, inseridas nos projetos que aderem a Floresta~Escola como ação, lógica e pensamento.

A Floresta~Escola tem uma proposta de desemparedamento das infâncias a partir de uma abordagem que implica uma dedicação e envolvimento de toda a escola-comunidade-grupo, de modo íntegro: o uso do "currículo" da "sala de aula", atividades extracurriculares, políticas escolares, formação contínua de educadores e outras atividades realizadas na escola. Portanto, como dito anteriormente, a escola não é um edifício, são as pessoas, e como organização de pessoas, deve ser uma organização que aprende. A abordagem da Floresta-Escola, assim como a "quinta disciplina" de Peter Senge (2008), permite que toda a escola, todas as crianças, com todos as educadoras e pessoal de apoio, bem como as autarquias e outras partes interessadas, se constituam como uma organização que aprende. Quando as escolas, as famílias e a comunidade operam em conjunto com a Natureza, fica mais fácil abordar as necessidades fundamentais de desenvolvimento das crianças para alcançar os propósitos pessoais e coletivos envolvidos no projeto. Os objetivos da Floresta~Escola são fazer exatamente isso, mas num ambiente de aprendizagem contextualizado e depois aprender a transferi-los para a vida cotidiana. A escola é formal; a floresta, informal; e a Floresta~Escola, não formal.

Com o cruzamento entre projetos formais e informais, percebi que no projeto da EF Bloom, em parceria com a EB1 da Várzea de Sintra, há uma diferenciação entre duas (ideias de) "escolas": a escola do currículo essencial, que decorre dentro do turno curricular e serve para assegurar as literacias básicas, e a escola do currículo territorializado, informal, que decorre um vez por semana para cada grupo e pode ser experiencial (Mouraz; Martins; Vale, 2014), principalmente na floresta da Quintinha de Monserrate. É uma situação que se verifica em muitas escolas portuguesas e que é muito frequente em escolas de outros países europeus (Bettencourt; Gomes, 2014).

De acordo com a Forest School Association (FSA)[61], um líder de Floresta-Escola precisa entender e praticar um conjunto de seis princípios de boas práticas, alinhados ao *éthos* da Forest School e à legislação vigente. São eles: 1) a Floresta~Escola não é apenas uma reunião ou uma visita a um parque, bosque ou floresta. É um processo de longa duração, com sessões frequentes e regulares em um contexto da natureza ou floresta; 2) o programa da Floresta~Escola deve acontecer em uma floresta ou local arborizado, a fim de promover o desenvolvimento de uma relação entre o praticante e o mundo natural; 3) a Floresta~Escola tem a intenção de promover o desenvolvimento holístico de todos os envolvidos, promovendo resiliência, confiança, interdependência e criatividade em seus participantes; 4) a Floresta~Escola oferece aos alunos a oportunidade de assumir riscos com apoio apropriado para o meio ambiente e suas habilidades e aptidões; 5) a Floresta~Escola deve ser implementada por profissionais qualificados na abordagem; e 6) a Floresta~Escola é baseada em uma gama de processos de aprendizagem centrados na criança.

Percebo esses *éthos* como sendo uma parte da Forest School que é muito útil para a Floresta~Escola, pois esses são pontos que coadunam e sugerem encaixes com outras perspectivas educativas desemparedadas. Considerando que as florestas mediterrâneas e os biomas brasileiros constantemente ardem ano após ano (por uma confluência de fatores, um deles a insuficiente alfabetização ecológica), essas aspirações de implementação de ações desemparedadas estão se tornando de fato uma realidade. Parafraseando Sara Knigth (2013, p. 10), a abordagem prática ecopedagógica que nomeio como Floresta~Escola tem potencial para ser reconhecida nos sistemas educativos dos países como parte integrante dos programas nacionais para, assim, criar uma geração de cidadãos do mundo, da floresta, uma cidadania e florestania planetária. Como diz o aforismo de Rubem Alves (2018, p. 59): "Há escolas que são gaiolas. Há escolas que são asas".

1.5 Práticas educativas na/para/com e pela Natureza

A Floresta~Escola está par a par com outros processos que enfatizam o contato do educando com a natureza, não só aprender algo "a respeito do meio ambiente", mas perceber a potencialidade da educação na liberdade e, sobretudo, o que a Natureza nos ensina. Alguns exemplos desses processos foram encontrados no decorrer desta investigação e estão resumidos em conceitos que se enquadrariam no uso das preposições na/para/com e pela Natureza. Juntos, esses conceitos se alinham como resposta a essa demanda de emergência global da educação contemporânea por uma justiça climática. São eles: *educação ambiental, educação para a cidadania* ou *educação para o desenvolvimento sustentável*[62] (Bettencourt; Gomes, 2014), *ecopedagogia* (Halal, 2009) ou *pedagogia da terra* (Gadotti, 2000), *ecoalfabetização* (Capra, 2000) ou *alfabetização ecológica* (Capra et al., 2006), *escola democrática* (Pacheco, 2014), *educação fora de sala* ou *outdoor learning, educação por projetos* (Hernandez, 1998; Kilpatrick, 1997), *educação alternativa* (Costa, 2015), *homeschooling, unschooling, hackschooling*[63], *escola* verde⁶⁴, *waldkindergarten* ou *naturkindergarten*. Ainda que esses conceitos não sejam profundamente tratados neste livro, esses nomes e termos surgiram no decorrer da revisão bibliográfica e colaboraram para a construção do conhecimento em torno de quais processos educativos eu estava à procura para construir a "coleção" de ideias-semente que comporiam esta pesquisa. Eles enfocam não apenas a aprendizagem na/com/para e pela Natureza, mas, sobretudo, salientam uma educação fora das paredes das salas de aula tradicionais, e esse é um ponto importante para perceber o desemparedamento. Mas cabe destacar que não é porque está fora das paredes de uma escola que é desemparedamento, como posto por Tiriba (2018), afinal, as mentes, as práticas e as ideias precisam ser desemparedadas tanto quanto os corpos. Estas seriam atividades *na* natureza. Há seus benefícios, porém a profundidade das potencialidades identificadas é relativa, pois depende de fatores como intencionalidades, contextos socioculturais, econômicos, interesses e propósitos.

Ireland e Spezia (2012) afirmam que é preciso olhar para o futuro da educação por um prisma não hegemônico, numa ruptura à visão eurocêntrica do mundo. Curioso é notar essa afirmação num documento da Unesco⁶⁵, quando temos dezenas de autores tratando do assunto com um olhar para a Natureza como um sujeito de direitos, a exemplo da Felicidade Interna Bruta (FIB), no Butão, localizado no Himalaia; e do conceito de *buen-vivir* (*Sumak Kawsay* e *Suma Kamaña*, conceitos indígenas originários do Equador e na Bolívia respectivamente), que não se afigura como um desenvolvimento alternativo, mas sim uma alternativa ao desenvolvimento. A inclusão da Educação Ambiental (EA) nos sistemas educativos dos Estados caminha lado a lado com as decisões políticas em torno dos objetivos e interesses, principalmente econômicos, que surgem das conferências mundiais sobre o desenvolvimento, com o objetivo de buscarem acordos internacionais para frear (em vez de cessar, tampouco transformar) a progressiva crise ambiental causada pela ânsia do desenvolvimento.

É preciso atuar, sobretudo, na formação e capacitação de educadores para atuarem de forma desemparedada, a fim de fazê-los perceber a capacidade que temos de aprender ao observar e absorver⁶⁶ o que a Natureza tem a nos ensinar. Segundo Tiriba, no prefácio de Barros (2018), a natureza não está incluída como sujeito dos processos interativos numa leitura das diretrizes curriculares brasileiras para a educação infantil (e também nas diretrizes portuguesas). Ainda de acordo com a autora, o ambiente natural, pátio, parque e praças são entendidos como um cenário em potencial para as brincadeiras das crianças, e não como um lugar fundamental à constituição humana (Tiriba, 2018). Entretanto, saber do que uma criança é capaz é tão difícil quanto afirmar que há uma teoria global que favoreça a criação de ambientes de aprendizagem ideais, e mesmo que houvesse, seriam escassos os recursos para pô-la em prática. Portanto, seja a prática *na* natureza, carecendo ainda de profundidade de troca e construção de relações mais democráticas e des-hierarquizadas, sejam as práticas *para* e *com* a Natureza, abarcando um debate e as demandas das EA e a EDS, ou sejam práticas educativas *pela* Natureza, a Floresta~Escola tem potencial de incrementar a práxis de educadoras e educadores em diferentes contextos educativos. Sejam escolas públicas ou privadas, sejam projetos independentes, ONGs, fundações, se estes estiverem com os objetivos e propósitos alinhados, todos poderão ser vistos como solos férteis a receber essas sementes.

para

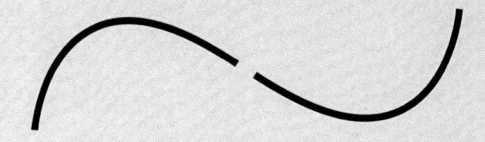

indica fim ou finalidade

CAPÍTULO 2

A PESQUISA COM CRIANÇAS NA/PARA/COM E PELA NATUREZA: QUESTÕES ÉTICAS E O CONTEXTO INVESTIGATIVO

Este capítulo está dedicado ao contexto da pesquisa de campo, de modo a descrever a forma de funcionamento tanto da EB1 da Várzea de Sintra e seus valores quanto do projeto EF Bloom[67] e, também, trazer as informações que possam elucidar o que representou o encontro das práticas educativas nas abordagens Forest School e Flow Learning, aplicadas metodologicamente no projeto. Em seguida, apresentarei as opções metodológicas desta pesquisa, percorridas no campo, no terreno, neste caso, a etnografia com crianças. Depois de percorrer as questões éticas na pesquisa com crianças, por fim, tratarei das questões que envolvem um trabalho com estas características: o que é pesquisar *com* crianças *na* natureza.

2.1 Escola Básica da Várzea de Sintra

Por meio de algumas palavras, vou tentar descrever uma "fotografia" de como era a EB1 da Várzea de Sintra no segundo semestre de 2018. A EB1 da Várzea de Sintra é uma escola de Ensino Fundamental I que inclui a Educação Infantil, pertencente ao Agrupamento de Escolas D. Carlos I, na região administrativa de Sintra, em Portugal. A escola atende cerca de 245 crianças, sendo 65 da educação infantil e 180 do primeiro segmento do ensino fundamental, com oito turmas do 6º ao 9º ano. No ano letivo de 2018/2019, a escola contou com 11 professoras, 4 assistentes operacionais e 3 educadoras de infância, sendo que alguns desses elementos pertencem à Rede Educação Século XXI. A EB1 da Várzea de Sintra dispõe de uma área ao ar livre com cerca de 0,5 hectare. Os espaços educativos interiores são organizados de forma acolhedora e multifuncional, e as crianças ocupam mesas circulares, permitindo a organização de pequenos grupos de quatro a seis crianças e cerca de 20 crianças por ambiente, ou seja, elas não ficam frente a um quadro ou postas em filas de mesas e cadeiras. A metodologia aplicada na escola está alinhada diretamente com a aplicada na Escola da Ponte[68], sua grande inspiradora, por meio de dispositivos pedagógicos, trabalho por projetos e organização democrática de uma comunidade de aprendizagem.

No ano letivo 2016/2017, a escola implementou o Projeto Dar A.S.A.S. — Aprendizagens Significativas e Autorreguladas rumo ao Sucesso —, com a pretensão de desenvolver um modelo pedagógico-educativo virado para a escola do século XXI. O principal objetivo do projeto visa modificar a organização da escola num processo contínuo e contribuir para a formação de cidadãos autônomos, criativos e felizes, educativa e socialmente. É no contexto do Dar A.S.A.S que a EB1 da Várzea de Sintra adotou no seu projeto educativo o Projeto Escola da Floresta Bloom. Entretanto, a adesão plena ao projeto só foi possível em função da assinatura do contrato de autonomia e flexibilidade curricular, permitido por meio de um despacho ministerial.

De acordo com a professora e coordenadora da escola Anabela Ferreira Marques, a unidade está inserida no Despacho nº 5908, de 5 de julho de 2017, que se refere ao Projeto de Autonomia e Flexibilidade Curricular (PAFC), estando autorizada a flexibilizar ao menos 25% de seu currículo. O PAFC é um movimento direcionado à promoção de melhores aprendizagens, de forma a dar mais autonomia para as escolas trabalharem a gestão do currículo de forma flexível e contextualizada (Autonomia [...], [2017?]). O Projeto Educativo de Escola da EB1 da Várzea está focado, principalmente, no desenvolvimento da autorregulação da aprendizagem da criança[69]. A organização dessas competências permite-nos entender a razão de encontrarmos na capa do projeto educativo dessa escola o lema "Nenhuma criança será deixada para trás. Nenhuma criança será impedida de progredir!". Esses pontos focais da escola convergem de maneira muito próxima com a abordagem estabelecida pela Escola da Floresta Bloom, com destaque para a gestão do risco, a reflexão, a avaliação e a interdisciplinaridade.

A organização das aprendizagens por meio de trabalho de projetos, o planejamento do tempo, o trabalho em grupo, a interajuda, a organização do espaço e, sobretudo, o processo de avaliação contínua fazem com que tanto as crianças quanto as educadoras dessa unidade escolar gozem de mais liberdade na prática educativa e na relação ensino-aprendizagem entre adultos e crianças. Ao ser questionada onde a Natureza entra no currículo da escola, a professora e coordenadora Anabela responde:

> Agora com o projeto... olha para já entra na parte... na forma como eles aprendem, nós aprendemos de uma forma muito mais autônoma. Têm muito mais liberdade de escolher o que é que vão aprender. Então aqui na floresta eles também sentem esta liberdade. Podemos ir pela direita, pela esquerda, não é? Acaba por estar em conjunto. A liberdade que eles sentem na escola vão sentir essa liberdade aqui também na natureza. E depois, a nível de currículo mesmo, há sempre a parte em que se estuda as plantas, os animais em vias de extinção. Agora há uma série deles que estão a estudar isso, as plantas e os animais em vias de extinção e o por quê, por quê é que acontece isso. E quando eles vêm à floresta eu acho que eles ganham um respeito enorme pela natureza que não têm enfiados em casa ou ao fim de semana que vão para o shopping. [...] e também faz parte do currículo, não é? A parte de educação física. Eu tenho aqui miúdos que tinham muitos medos e agora na natureza eles conseguiram libertar esses medos. O medo de saltar, o medo de trepar... e pressentes que não, mas isto vai ter repercussões por exemplo na educação física quando vão fazer cambalhotas... (Entrevista realizada no dia 04 de dezembro de 2018).

Uma das principais características da EB1 da Várzea de Sintra é a interajuda entre pares. As crianças são incentivadas a todo momento em ajudarem-se uns aos outros, de modo a colaborar com uma sociedade mais colaborativa em detrimento de uma sociedade competitiva. Nesse sentido, as educadoras desta escola assumem um papel de organizadoras das propostas para que seja promovida a aprendizagem de cada aluno, agindo como facilitadoras de aprendizagens escolares e mediadoras de aprendizagens sociais, que ajudam os alunos no processo de construção do conhecimento e de construção da cidadania. Anabela destaca que, com o projeto da EF Bloom, as pessoas que fazem parte da EB1 da Várzea de Sintra passaram a perceber um ponto de viragem pedagógica, que é quando uma criança passa a ajudar o adulto nas tarefas. Neste caso, é na floresta que isso se evidencia, por exemplo, quando uma criança ajuda uma educadora a subir uma pedra ou a saltar um buraco ou charco e essa relação está, aos poucos, a ser transferida para o convívio intramuros da escola. Ao descrever o modo como as abordagens metodológicas da EB1 da Várzea de Sintra funcionam, Anabela numa entrevista para a pesquisa destaca:

> O objetivo é conseguirmos alcançar todos os objetivos tendo a ajuda uns dos outros. E aqui (na Quintinha de Monserrate) acontece isso. Ainda há bocadinho estávamos a subir para o campo de base do outro grupo, que sobe-se imenso, então eu estava a dizer "não... nós ajudamos uns aos outros". Eu puxo, corro um bocadinho, depois vai outro que corre a frente... portanto esta interajuda também se reflete na escola. Nas tarefas, porque eles sabem que podem ajudar-se uns aos outros. Se não conseguirem mesmo encontrarem a solução recorrem ao professor, mas o primeiro passo é sempre recorrer ao colega. E eles aprendem imenso uns com os outros... na escola e aqui (na Quintinha de Monserrate) (Entrevista realizada no dia 04 de dezembro de 2018).

Essa relação com os processos educativos reflete na forma de aprender da EB1 da Várzea de Sintra e é revelada também nos exames nacionais e nas provas de aferição pelos quais todas as escolas precisam passar de acordo com norma ministerial. Nessa escola, como ressalta a professora e coordenadora, a principal forma de aprender é, antes de tudo, entre pares e, se eles não conseguirem a resposta ou consolidar o que buscavam, então recorrem aos livros ou à internet. Ou seja, a educadora é o último recurso que as crianças buscam para chegarem ao conhecimento que almejam. Sobre os exames, Anabela nos conta:

> É difícil porque os exames estão a analisar alunos que aprendem de forma tradicional. E depois... olha, eu vou te dar o exemplo do ano passado da prova de aferição de expressão plástica. Era para fazer um robô com materiais reciclados, então houve um menino, do segundo ano, não é?! Portanto, tem oito aninhos no máximo. E houve um que viu que o colega queria colar o bracinho no robô, e não estava a conseguir porque ou segurava o braço ou punha a fita cola. Então ele levantou-se para ir ajudar o colega, uma coisa normal que é comum, não é!? Quem estava a vigiar a prova começou a ralhar com o menino: "ah não te podes levantar, não te podes ir a ajudar os outros!". Ou seja, isto não... não pode ser... Eles ajudam-se! Não é!? E na vida futura... se nós pensarmos na vida futura... nós queremos criar crianças que, epa, estás a precisar e não te quero ajudar? Não! Eu acho que esta parte da formação cívica, formá-los como cidadãos que se ajudam que querem o melhor de todos, não é!? Não é só querer o meu melhor! Eu fico bem se tu também estiveres bem, não é!? Eu acho que eles sentem muito isso (Entrevista realizada no dia 04 de dezembro de 2018).

A estrutura organizacional dessa escola permite, portanto, uma prática porosa, ou seja, está predisposta a oferecer percursos educativos mais autônomos e mais ocupados na aprendizagem das crianças do que propriamente aferir classificações nos exames e, também, não só a receber uma proposta como o projeto Escola da Floresta Bloom, mas, principalmente, aceitar essa proposta.

2.2 Escola da Floresta Bloom

O projeto Escola da Floresta Bloom foi organizado e idealizado pela Associação Movimento Bloom e dedica-se a promover, incentivar e divulgar a conservação do ambiente junto às crianças e às suas famílias por meio de iniciativas que visam à sua ligação à Natureza. A proposta do projeto era experimentar numa escola e numa floresta pública portuguesas a abordagem *Forest Flow*, que junta a *Forest School* com a abordagem da *Sharing Nature* (por meio do *Flow Learning* — Aprendizado Sequencial). Em Portugal, a organização *Sharing Nature Worldwide* é representada pela Associação Movimento Bloom.

A abordagem conhecida como *Flow Learning* foi desenvolvida nos Estados Unidos da América há mais de 40 anos pelo professor e ambientalista Joseph Cornell[70] e assenta numa metodologia lúdico-criativa estruturada em quatro estágios sequenciais que exploram os elementos básicos da aprendizagem: fazer, observar, sentir e pensar, e se organiza pela aprendizagem sequencial em: despertar o entusiasmo, focar a atenção, oferecer experiência direta e partilhar inspiração. O Aprendizado Sequencial baseia-se numa diversidade de atividades, jogos e dinâmicas que se orientam por um fluxo de energia, da mais agitada para a mais concentrada, depois para a contemplativa e, em seguida, para a poética. A educadora escolhe as atividades que preferir, de acordo com o local e com o grupo (Mendonça, 2017). No Brasil, a Sharing Nature Worldwide é representada pelo Instituto Romã[71].

A Quintinha Pedagógica de Monserrate tem uma área de cerca de dois hectares com árvores autóctones e uma linha de água que recria uma pequena exploração agrícola, com áreas destinadas a diferentes tipos de plantações e animais, bem como um sistema de energias renováveis que a torna totalmente autônoma do ponto de vista energético. Os trabalhadores da quintinha mantêm plantações que "incluem zonas de pomar, de hortícolas, de plantas silvestres e de baga, de cereais e de plantas aromáticas" (Quintinha..., [20--]). As crianças mostravam encanto e interagiam com os animais. O espaço está ainda dotado de uma zona de piquenique (onde, normalmente, a equipe do projeto se reunia para o almoço), de um anfiteatro ao ar livre e um celeiro. É esse *lugar* que, dado determinado uso, torna-se um *espaço* — ou *lugar praticado* (Certeau, 1980), em que a floresta torna-se escola ou, em outras palavras, a Floresta~Escola.

A operacionalização do projeto esteve formada por três componentes: 1) envolvimento da comunidade escolar, por meio de sessões de partilha de informação e apresentação tanto do desenho do programa quanto da equipe dinamizadora e dos seus resultados; 2) avaliação do programa por meio de um plano de monitorização regular por parte da equipe EF Bloom, das crianças, dos professores e dos pais, pelo qual foi produzido um relatório de observação por criança e por dia de sessão; e

3) implementação do programa de aquisição de competências socioemocionais desenhado para oito turmas do 1º ciclo do Ensino Básico (1º ao 4º ano). Cada turma participou de 32 sessões, perfazendo um total de 256 sessões ao longo de todo o projeto em horário curricular. Cada turma participou de uma sessão por semana, que podia ocorrer de segunda a quinta-feira das 9h30 às 11h30 ou das 13h45 às 15h45. As crianças vivenciaram 16 sessões *outdoor* na Quintinha de Monserrate com a duração de duas horas cada, e de 16 sessões na área exterior da EB1 Várzea de Sintra com duração de uma hora cada, em horários ajustados de acordo com o cronograma regular da escola.

Na dinâmica dos encontros, o grupo de 20 crianças era dividido em dois subgrupos, cada um com 10 crianças. Cada subgrupo era acompanhado por uma dupla de monitoras (líderes em Floresta~Escola) e uma educadora (ou assistente) da EB1 da Várzea. Portanto, deu-se um rácio de aproximadamente três crianças por adulto. As sessões ocorreram predominantemente ao ar livre, com exceção dos dias com ventos superiores a 80 nós por questões de segurança. Ainda que estivesse chovendo, desde que não houvesse ventos fortes, as sessões mantinham-se lá fora, no pátio da escola ou na Quintinha de Monserrate.

2.3 Pesquisar com crianças na natureza

2.3.1 Dinâmica em campo

Estar ao ar livre causa-nos certo maravilhamento. As pessoas habituadas ao modelo urbano-patriarcal-industrial-capitalista de viver (Tiriba, 2018) poucas vezes gozam de momentos em contato com elementos naturais, sejam elas providas de muito ou pouco acesso a recursos. Aqueles que vivem assim (a maioria da sociedade moderna) podem passar cerca de 10 a 12 horas diárias entre paredes de escritórios e aparelhos de ar-condicionado: acordam em suas casas, entram nos carros em suas garagens, ou tomam transportes públicos subterrâneos, fazem o percurso de casa ao trabalho com os vidros fechados, deixam os carros no estacionamento do prédio em que trabalham, sobem o elevador e sentam-se em seus gabinetes, voltam às suas casas e adormecem ao ver o noticiário ou a série da moda na televisão inteligente. Então, é de se esperar que esses sujeitos, quando em contato com um "banho de floresta" (Clifford, 2018), sintam de fato um maravilhamento, um encantamento ou o feitiço da Natureza. Ao sentido que nos permite fazer uma leitura de mundo de modo holístico chamo de *cosmocepção*. Sobre a educação dos sentidos e os sentidos na educação, falarei mais adiante.

Há pelo menos uma década meu cotidiano está na floresta. Ou com as crianças, ou na prática com sistemas agroflorestais agroecológicos (Safa), ou fazendo trilhas e travessias em áreas de natureza densa. Ainda assim, sou atingido e abalado diariamente pelo extraordinário que está na Natureza. Mesmo ela sendo-me familiar e cotidiana, ainda me coloca no estado de maravilhamento que, por um momento, provoca um encontro imobilizante, como se meus sentidos e capacidades de percepção do mundo estivessem enfeitiçados (Merewether, 2019). Esse contato me provoca cotidianamente um estado de alegria e entusiasmo. Não foi diferente em meu primeiro contato como monitor voluntário no projeto da Escola da Floresta Bloom. A chegada à Quintinha Pedagógica de Monserrate para o meu primeiro dia de intervenção foi transbordante de alegria. O meu arranque nessa floresta foi numa terça-feira, dia 16 de outubro de 2018, mas não foi o primeiro dia do projeto. No dia anterior, na segunda-feira, dia 15 de outubro, a quintinha havia recebido pela primeira vez os grupos da EB1 da Várzea de Sintra.

A minha expectativa para atuar no projeto era grande. A quintinha é mesmo um lugar fabuloso para um projeto como esse. Meu primeiro registo fotográfico desse dia foi uma paisagem que se vê à porta de entrada da cozinha da casa (Foto 1). Veem-se pinheiros bravos, pinheiros mansos, carvalhos, eucaliptos, medronheiros, tojos e fetos. A imagem revela-nos a névoa matinal que está ao fundo. As manhãs de outono em Sintra são úmidas, frias e misteriosas, como descreveu Eça de Queiroz e Ramalho Ortigão em *O Mistério da Estrada de Sintra* (Queiroz; Ortigão, 1988)[72], mas não há tempo ruim para um bom agasalho. O que não se vê na fotografia é a minha intenção ao capturá-la. Ali, naquele instante, pensava: "será este o meu local de trabalho pelos próximos meses, aqui está a prática poética de toda aquela teoria… aqui está a transgressão…".

Foto 1 - Paisagem vista a partir da porta da cozinha da casa sede

Fonte: o autor

Foto 2 - Casa-sede da Quintinha de Monserrate

Fonte: o autor

A dinâmica em campo foi composta pelas sessões do projeto que ocorriam na escola e na Quintinha de Monserrate. Durante as sessões em que participei como monitor, eu registrava em fotos e vídeos algumas das ações das crianças e, ao fim de cada sessão, a equipe fazia uma rápida reunião e recorria a esses registos para tomar nota dos episódios, partilhar os eventos e relatar os detalhes do trabalho. A partir dessas notas de campo, ao fim de cada semana de trabalho, fui escrevendo o meu diário de campo de forma mais detalhada e com contornos narrativos mais poéticos. Acompanhei o projeto um pouco antes do dia 16 de outubro até o 14 de dezembro de 2018, período no qual foram monitorizadas para esta pesquisa 36 sessões regulares com crianças de 6 a 10 anos de idade, integrantes de quatro turmas diferentes. Somaram-se a elas também algumas sessões, em que precisei substituir determinadas colegas de projeto, que, por alguma razão, tiveram que se ausentar. Além disso, ocorriam reuniões de equipe para planejamento e avaliação, que se davam ou após a última sessão do dia às quintas-feiras ou às sextas-feiras, dia livre de sessões. No total, foram cerca de 200 horas de trabalho no terreno e mais de 100 páginas de diário de campo.

Foi, principalmente, por meio do diálogo, da observação, da construção das notas de campo e de entrevistas com as educadoras, diálogos com as crianças e encarregados de educação que esta investigação se constituiu. No trabalho de campo, foi preciso considerar o conhecimento das crianças para perceber o relacionamento entre esse grupo social e o ambiente educativo no qual estava inserido. Segundo Mayall (2005, p. 123), "através dos diálogos com crianças, podemos aprender sobre o que elas conhecem e, até certo ponto, como elas aprendem", e no projeto, os meandros do *como* as crianças estavam a aprender o que aprendiam balizaram-se sobretudo pelos sentidos, pelos sentimentos, pelo entusiasmo, pela atenção, pelas experiências diretas e pela inspiração. Também pude sentir, por meio do diálogo, o *que* elas aprendiam, por exemplo, ouvi delas que aprenderam sobre o amor pela natureza, a viver melhor, o respeito mútuo, a escalar e a sermos nós mesmos.

As duas questões-chave que orientaram os diálogos com as crianças surgiram no último terço do período de trabalho de campo. De acordo com a abordagem Forest School, ao fim de cada sessão, é recomendado realizar uma revisão daquilo que foi feito e aprendido durante o dia. Portanto, para esse momento de revisão, as questões elaboradas foram "o que é que tu aprendes com a Natureza?" e "o que é que a Natureza te ensina?". Essas questões abriram-se como uma porta, de forma que o registro das respostas foi determinante para compor um fio para esta investigação. O conjunto de respostas que me foi chegando começou a configurar-se como um caleidoscópio tautológico, isto é, era como se eu olhasse para dentro de um tubo cheio de espelhos que refletiam várias respostas diferentes para uma mesma questão.

As conversas gravadas com as crianças que contribuíram para as reflexões desta pesquisa não duraram, na sua maioria, mais do que 75 segundos, pois havia sempre uma abelha, uma pinha, um cogumelo, um pau ou uma bolota (o frutinho do carvalho) a despertar o maravilhamento e o desejo das crianças de compartilharem com as monitoras e os colegas, evidenciando a mim onde eu deveria buscar minhas respostas. Mas as respostas foram, além de pontuais, poéticas. Muitas vezes, as respostas dadas pelas crianças a questões subjetivas e diretas trouxeram um arcabouço poético sedutor para assumir uma produção de texto etnográfico criativo e polifônico. No diálogo a seguir, realizado com Duarte (9 anos) na última sessão antes das férias de fim de ano, posso confirmar que aprendi com aquela criança uma definição mais do que sintética para o conceito e o valor de "família", sobretudo em tempos de tanto ódio e preconceito às famílias "não tradicionais":

> Rafael: E hoje o que é que aprendeste com a Natureza?
>
> Duarte: É como se fosse uma família para nós.
>
> Rafael: Por quê?
>
> Duarte: Por estarmos todos juntos, é como se fosse uma família.
>
> Rafael: E o que é uma família?
>
> Duarte: É alguém que nos ame (Transcrição do vídeo gravado no dia 6 de dezembro de 2018).

Esse conceito sobre família estaria contido nos livros didáticos ou nas formações das pedagogas? Eu o aprendi com uma criança. Noutro momento, o outro Duarte (9 anos) comentou sobre o trabalho de seu irmão Francisco. Este se colocou dentro do desenho que havia feito com elementos da natureza no pátio da escola e considerou-se parte integrante dele. Duarte disse ao irmão: "podes ficar o que tu és", ou seja, permanecer sendo aquilo que naturalmente já somos, pois ele, o Francisco, representava ele mesmo em seu desenho. Quanta poesia! Quanta metalinguagem! Foi a partir de momentos como este que me surgiu o desejo de refletir sobre o por que será diferente pesquisar *com* crianças *na* natureza.

Pesquisar *com* crianças *da cidade na* natureza revelaria ainda uma outra grande diferença, mas esse poderá ser assunto para um outro trabalho. Sobremodo, a pesquisa *com* crianças *na* natureza desnuda a característica de que esses sujeitos de cultura são construtores de seus mundos, e com pedaços do mundo como a terra, a água, a areia, o fogo, a madeira, a rocha e o vento, eles constroem um outro mundo dentro do mundo. Nesse contato com a materialidade, a criança é provocada pela morfologia, pela aparência e pela textura do material. Essas formas provocam a criação de pequenos universos que potencializam a capacidade de miniaturizar o "brincar telúrico". Como afirma Piorski (2016, p. 71), "o que é pequenino se torna infinitamente maior nas paisagens internas". Para o autor,

> [...] os lugares perdem a fixidez do tamanho, crescem largamente, aumentam suas proporções e gravam na memória da criança o *superespaço*, o espaço fantástico, o lugar do sonho - na expressão de Durand, o *caráter topográfico profundo* da imagem. A grande capacidade que tínhamos, quando crianças, de absorver e amplificar a topologia familiar, a espacialidade cotidiana, não ocorria apenas porque éramos pequenos e os tamanhos nos saltavam em proporções maiores, mas porque a potência imaginal da criança, sua imaginação geométrica, molda, redimensiona o mundo, aprofunda o espaço (Piorski, 2016, p. 71, grifos do autor).

A grandiosidade da natureza redimensiona a intimidade das relações em diferentes camadas. A natureza como espaço de maravilhamento e "lugar praticado" do fantástico provoca a criação de relações sensitivas (e emocionais) mais profundas das crianças entre pares e o envolvimento da relação do pesquisador com os sujeitos pesquisados e destes grupos com a Natureza (*sujeita* educadora), de modo a tornar tudo mais íntimo e próximo. Neste campo de afeto e afetações, a pesquisa *com* crianças *na* natureza transforma a relação entre educador (pesquisador) e a criança (sujeito da pesquisa) num território de transferências de sentidos e sentimentos. Pesquisar *com* crianças *na* natureza é perene. Não coletamos apenas dados e evidências; somos atravessados por afetos duradouros e sentimentais.

    Por vezes, foi necessário fazer um esforço para não alimentar a criação de vínculos duradouros e profundos com as crianças que não pudessem suportar o peso do "adeus" e o fechamento de um ciclo. Dois meses e meio foi tempo suficiente para criar uma relação inesquecível com aquelas crianças, mas foi rápido o bastante para sentir que ainda havia muito para se construir naquela troca. A capacidade de imaginação do espaço imenso-mínimo a que se refere Piorski (2016, p. 71) é diretamente proporcional ao tempo; há também a indissociabilidade do tempo imenso-mínimo. Portanto, "espaço-tempo imenso-mínimo". Ainda que as duas horas de uma sessão não sejam lá um curto espaço de tempo quando comparadas à hora/aula de 50 minutos, em contato com Natureza, as crianças (e os adultos) sentem diferente, passa rápido demais quando estamos na construção de algo e não conseguimos terminar. Do mesmo modo que dois minutos a contemplar um cogumelo pode parecer um lapso temporal de duas horas.

    Destaco um episódio em que as crianças pediram mais 30 segundos para que realizassem mais uma subida na montanha e voltassem. Eu dei-lhes 45 segundos e elas exclamaram: "tudo isso!? então podemos subir duas vezes!". E nesse curto espaço de tempo, aproveitei a oportunidade de tentar registar, por meio de vídeos feitos por elas próprias, como as crianças aproveitavam o tempo que tinham num espaço sem a intervenção e o olhar do adulto. Trazer o olhar das crianças para a pesquisa afigurou-se como um desafio, pois não seria só considerar aquilo que elas têm para falar e, posteriormente, fazer do texto etnográfico um texto polifónico (Jenks, 2005); também não recorri apenas às gravações discretas, de forma a captar a espontaneidade da expressão da criança. Havia sempre uma interrupção, uma abelha, uma pinha, um cogumelo, uma outra criança a chamar-me para mostrar-me algo.

    Pesquisar *com* crianças *na* natureza foi, aqui, realizar entrevistas que duraram a passagem de uma estrela cadente. Não só a passagem "física" mas também aquele sentimento causado em nós de um *flash* durar uma eternidade, pois estamos em estado de maravilhamento. Também busquei gravar as nossas conversas de modo que isso não se figurasse um momento de perguntas de um adulto que espera uma resposta certa de uma criança. No meio do nosso diálogo, normalmente eu, agachado no mesmo nível delas, ligava o celular e começava a conversar. Somente dessa forma consegui captar aquele estado de espontaneidade, mas nem sempre era fácil seguir um caminho direto no tema, justamente pelo volume enorme de interferências. Paralelamente a essa estratégia, pensei que, em vez de insistir na minha conversa com elas, elas mesmas poderiam gravar seus diálogos e momentos. Num episódio passado na montanha, deixei meu celular com a Bárbara (6 anos), para que ela gravasse o que quisesse, como quisesse e sem a intervenção de um adulto. Nesta passagem, podemos perceber uma das estratégias de como pesquisar *com* crianças *na* natureza:

> No vídeo de cerca de dois minutos, vemos uma imagem tremida, muita euforia e gritaria. Bárbara vai atrás de Francisca e uma outra colega, elas subiam o caminho pela terceira vez. Francisca escorregou num toco de árvore que havia sido cortada e cai, mas rapidamente se levanta. A colega, que vinha logo atrás, cai no mesmo lugar. No vídeo vemos que Bárbara chega ao pé da colega e ajuda-a a levantar-se ao invés de rir-se dela. Ali estavam todos muito excitados, a gritarem muito, a chamarem os outros que não haviam subido, a mostrarem entre eles os caminhos, as possíveis "tocas das raposas". Quando chegaram ao topo, no limite de onde encontraram a cerca da quintinha, começaram a pensar em como caçar a raposa, com pinhas, com paus. Francisca, quando percebe que Bárbara está a filmá-la, começa a fazer poses e festinhas. Desceram todos com a mesma velocidade que subiram, entretanto, estávamos prestes a regressar para o ônibus e eles perguntaram se teriam mais tempo para subir de novo, pediram-me trinta segundos. Disse-lhes "45 segundos". Então, para desfrutarem o imenso-mínimo tempo que tinham, lá foi a Bárbara a gravar novamente. No caminho, a sua colega cai exatamente no mesmo lugar, mas desta vez ela volta-se para Bárbara e diz "cuidado que isto escorrega", mostrando que já aprendeu a lição - é preciso repetir e repetir para desenvolver e aprender. Segundos depois, ouvimos Bárbara a exclamar: "bué

> fácil subir...". É possível ver que começam a fazer algumas brincadeiras de faz de conta, como por exemplo, fingirem certas dificuldades para pedirem por ajuda, simulando um "pseudoperigo" ou risco. Nesta segunda sequência, vemos novamente Francisca a pedir para que Bárbara a filme outra vez e, então, faz caretas, gira os olhinhos, coloca a língua para fora. Em determinado momento ela, a Francisca, começa a falar com sotaque brasileiro: "Oi gente, bem-vindo ao meu canal, hoje estamos na Escola da Florestaaa!", claramente influenciada pelos youtubers brasileiros. O vídeo é interrompido abruptamente por não ter mais bateria no aparelho (Diário de Campo, 30 de outubro de 2018).

Um fragmento como este nos mostra um pouco de como era a dinâmica no terreno da pesquisa. A transcrição desses registros é fundamental para perceber que as crianças claramente se entreajudam nos momentos de desafio e dificuldade. Francisca, quando imita o sotaque brasileiro, não é por estar a imitar-me, há um consumo enorme de *youtubers*, novelas e conteúdos audiovisuais brasileiros numa gama etária muito alargada em Portugal, portanto, o modo de falar brasileiro é-lhes familiar pelo bombardeio cultural dos novos medias. A euforia coletiva não se deu apenas pelo desafio e pela energia necessária para subir a montanha, mas, também, pelo fato de estarem em liberdade, sem olhos de adultos por perto, com a autonomia de escolherem para onde querem ir, se para direita ou para esquerda, se para mais alto ou para dentro da "gruta secreta". E tudo isso deve ter durado o imenso-mínimo tempo de 45 segundos. É preciso estar alerta para percebê-los, porque devem caber ali naquele espaço-tempo todos os universos múltiplos que elas são capazes de vivenciar, ainda que saibam que voltarão na semana seguinte.

Pesquisar *com* crianças *na* natureza foi, portanto, como dobrar o espaço-tempo do corpo na busca de um *eu* adulto brincante, foi descortinar o "eu" adulto cartesiano em busca das experiências das crianças. Em geral, é, ao mesmo tempo, brincar para aprender, investigar para ensinar e vivenciar para brincar. É ensinar-aprender pelos sentidos de modo que a investigação se dá essencialmente na interação.

Eu pesquisava simultaneamente à prática da monitoria no projeto. Portanto, eu pesquisava enquanto planejava as sessões, quando recebia as crianças, nas conversas que tinha com minhas colegas durante as caronas até chegar à quintinha (quando gravei algumas entrevistas), durante as sessões, na trilha da floresta ao ônibus e nas conversas com as crianças. Estabelecemos, para as monitoras da EF Bloom, uma estrutura de modo a consolidar uma rotina de trabalho que se organizava desde a nossa chegada à quintinha uma hora antes da sessão, até a entrega das crianças no ônibus para regressarem à escola. E tudo que era relevante era registado. O plano para as sessões de cada semana era baseado num objetivo comum a todos os grupos (boas-vindas, exploração, manuseio de ferramentas, nós com cordas etc.), que, obviamente, era ajustado de acordo com o fluxo do dia e com as capacidades das crianças. O programa do dia era sempre precedido da explanação das regras básicas para estarmos em segurança na quintinha. As atividades das sessões eram organizadas de forma a contemplar o Aprendizado Sequencial (*Sharing Nature*). Portanto, as primeiras atividades do dia eram sempre de boas-vindas e visavam despertar o entusiasmo (nos primeiros dias, fizemos jogos para a memorização dos nomes de cada uma das crianças e aquecimento do corpo). Na sequência, normalmente propúnhamos alguns jogos pelo caminho para ativar e focar a atenção, trazer a presença para o aqui e o agora. À chegada ao campo de base (Fotos 3 e 4), que foi montado com lonas em forma de tenda sobre um círculo de troncos postos como bancos, propúnhamos jogos que trouxessem alguma experiência direta e contato com a natureza. Por fim, fazíamos uma revisão e reflexão do que havíamos aprendido no dia, partilhando, de alguma maneira criativa, histórias inspiradoras.

Foto 3 – Campo de base da Escola da Floresta Bloom, na parte de cima da Quintinha

Fonte: o autor

Foto 4 – Campo de base da Escola da Floresta Bloom com a lona que foi montada na parte mais baixa da quintinha

Fonte: o autor

Ao todo, a equipe do projeto foi composta por seis monitoras especializadas em atividades com crianças na natureza que se organizaram de modo que, por dia, estivessem quatro monitoras do projeto em campo. Cada grupo de crianças da escola chegava acompanhado de duas (ou mais) educadoras, que se integravam na equipe de monitoras. Em alguns dias, uma pessoa da família, fosse um pai, uma mãe, uma avó ou madrinha de uma ou duas crianças, era convidada a participar da sessão, realizando as tarefas e vivenciando as experiências par a par com as crianças. Observei como a presença desses familiares influenciava o comportamento das crianças nas sessões. Por um lado, inibia-as de estarem mais conectadas com as propostas, pois, diante de um adulto familiar em seu contexto de escola, a espontaneidade saía afetada. Por outro lado, percebi que elas assumiam uma postura de cuidado e atenção com os seus responsáveis, numa curiosa inversão de papéis, como tutores que lhes mostravam os detalhes da quintinha, os lugares que mais gostavam de estar etc., promovendo uma troca na relação ensino-aprendizagem. Houve também, de certa forma, uma conexão desterritorializada entre pai/mãe com os(as) filhos(as), uma conexão noutro contexto de convívio, num contexto em que ambos estavam no papel de aprendizes de uma mesma experiência. Adultos e crianças achavam-se fora de sua zona de conforto.

2.3.2 Etnografia com crianças

Pesquisas recentes na área das Ciências Sociais têm colaborado para a compreensão do campo da etnografia com crianças. A etnografia serviu de inspiração para a realização da pesquisa que deu origem a este livro, pois foi por meio da aproximação direta com os sujeitos daquela realidade estudada que se desenhou a investigação de natureza exploratória.

Uma obra de referência fundamental para as discussões trazidas aqui foi a coletânea de artigos publicados sob a organização de Christensen e James (2005b), que reúne textos de investigadores dos campos da sociologia e a antropologia da infância. De acordo com Christensen e James (2005b), os métodos particulares adotados pelos pesquisadores que investigam com crianças deverão ser apropriados aos tipos de investigação, aos contextos culturais e sociais e, sobretudo, aos grupos envolvidos.

Considerando o contexto da pesquisa realizada em 2018, minha opção foi por levar em conta a imagem de uma criança participativa, inserindo-me no seu universo sem negligenciar as relações de poder entre adulto e criança. Woodhead e Faulkner (2005, p. 23) advertem que "o deslocamento de uma imagem da criança em desenvolvimento enquanto sujeito para uma imagem da criança participativa, não deverá resultar na negligência das diferenças entre seres humanos mais novos e mais velhos". Ou seja, pesquisar com crianças é assumir que tanto o pesquisador adulto quanto a criança pesquisadora são sujeitos e atores sociais em desenvolvimento, em formação e, portanto, partícipes do processo de construção (ou de entendimento) do conhecimento e do saber. Christensen e James (2005a) destacam a potencialidade da participação das crianças na pesquisa por meio das representações visuais. No projeto, a participação direta das crianças ao produzir uma representação visual (estética) de suas experiências cotidianas funcionou não só para mediar a comunicação entre o pesquisador e as crianças, mas também permitiu-lhes ver como elas próprias representam e interpretam o conhecimento adquirido[73], fazendo, assim, um exercício reflexivo sobre seu processo de produção de linguagem. Esses mecanismos estéticos são muito utilizados entre os participantes das pesquisas a respeito das abordagens educativas ao ar livre por ampliar as linguagens utilizadas para comunicação e expressão. Do mesmo modo, os pesquisadores que realizam investigações com crianças, na natureza ou não, recorrem com frequência à produção de desenhos e imagens, pois é um modo de expressão mais próximo às culturas das infâncias.

Prout e James (1990 *apud* Qvortrup, 2005, p. 74) consideram que "a etnografia é uma metodologia especialmente útil para o estudo da infância, pois permite às crianças uma voz mais direta e a participação na produção de dados sociológicos do que é normalmente possível através de estilos de investigação experimental". Trazendo a panóplia que a etnografia permite-nos lançar mão, recorri a alguns arranjos metodológicos para agir no terreno, como o diálogo com as crianças. No texto "Conversando com crianças: trabalhando com questões geracionais", Mayall (2005) aborda o que constituiu, para mim, um princípio basilar para a construção desta investigação que aqui se apresenta em livro: o diálogo. A autora afirma que "os diálogos são um meio de adquirir dados de qualidade suficientes como base de um trabalho orientado pela política" (Mayall, 2005, p. 140). Nos capítulos a seguir, veremos o conhecimento das crianças em muitos diálogos registrados no contexto da pesquisa. A autora coloca-nos ainda que

> [...] este método envolve a observação participante com crianças; inclui observar, escutar, refletir e, também, relacionar-se com crianças no diálogo, como apropriado aos acontecimentos que ocorrem naturalmente e as compreensões do investigador durante o processo de trabalho de campo" (Mayall, 2005, p. 140).

De acordo com Malinowski (1984, p. 19), na etnografia,

> [...] o autor é, simultaneamente, o seu próprio cronista e historiador; e embora as suas fontes sejam, sem dúvida, facilmente acessíveis, elas são também altamente dúbias e complexas; não estão materializadas em documentos fixos e concretos, mas sim no comportamento e na memória dos homens vivos.

O autor ressalta ainda que é enorme a distância entre o material bruto oriundo das entrevistas, das observações, da recolha de dados por questionário etc., e a análise final confirmada dos resultados auferidos por meio do tratamento dos dados.

O modo como os dados foram aqui tratados reconhece aquilo que Jenks (2005, p. 68) refere como as "poéticas da etnografia" e/ou os textos polifônicos, pois foram produzidos com o objetivo de produção científica, ainda que mostrem traços de um texto literário que pode abrir um "largo espaço de contenção e de debate dentro da metodologia" (Jenks, 2005, p. 65). Entretanto, é delicado afirmar que um texto é cooperativo, pois deve-se considerar as hierarquias de poder entre adultos e crianças e suas diferentes agendas. Aquilo que afirma Tyler (1986 apud Jenks, 2005, p. 68) de que a etnografia "é, numa palavra, poesia" é contestado por Jenks (2005, p. 68) ao sintetizar objetivamente que etnografia "é, como a palavra indica, uma descrição informada de pessoas e do seu modo de viver no mundo".

Outro elemento que merece destaque é o fato de que, em investigações acadêmicas, por norma, o investigador assume um papel distanciado, sem envolvimento com seu objeto, mas, com crianças, essa condição se altera. Minha condição de integrante da equipe de monitores do projeto permitiu que eu adotasse "um papel menos adulto" (Mayal, 2005, p. 124), misturando-me com o mundo social das crianças, operando física e metaforicamente ao nível delas. Afetando e sendo afetado por elas. Nos exercícios estéticos, algumas delas fizeram representações visuais minhas, inserindo-me em seus desenhos e retratando-nos a brincarmos juntos. Eu estava lá dentro daquele mundo social, sendo um adulto menos adultocentrado. Friedman (2020, p. 42) afirma que "os adultos colocam-se muito mais no papel de quem ensina, corrige, dita regras e orienta, do que no papel de quem escuta ou observa para conhecer e reconhecer as singularidades de cada criança ou grupo infantil". Para a monitora Margarida Pedrosa, a forma como as crianças nos viam, se como adultos ou como uma delas, era uma mistura, pois sempre estávamos brincando juntos. Segundo Margarida:

> É como se fosse... é um bocadinho misturado, talvez. Porque nós também brincamos, tentamos dar esse lado nosso, que também queremos brincar e é genuíno e por isso eles veem-nos como um par. E, por outro lado, também sentem que qualquer situação mais complicada podem recorrer a nós, porque nós estamos ali para os ajudar. Portanto, eu acho que eles têm muito carinho, tem muito carinho por nós por causa de todo aquele ambiente que trabalhamos juntos... Dentro daquilo que fazemos com eles (Entrevista realizada no dia 11 de dezembro de 2018).

O processo ao qual Jenks (2005, p. 66-67) se refere como "erupção de vozes para além da do autor do texto, e possivelmente até com a sua produção", atenta-nos para o que seria o texto polifônico e cooperativo, evitando uma "voz ditatorial" em busca de etnografias "originais e possivelmente melhores". O autor completa ainda:

> Contudo, não é abandonando responsabilidades de autor ou protegendo-se por detrás de vozes polifônicas ou de sintaxes divertidas que o etnógrafo irá resolver estes paradoxos (Bourgois, 1996). Antes de pensar em solucioná-los no texto, o etnógrafo deve tentar resolvê-los no campo, embora a relação entre os dois pontos seja intensa (ver Corsaro e Molinari, cap. 9). [...] O campo, contudo, permanece um parque de diversões extenso e ilimitado.

É nesse parque de diversões extenso e ilimitado que podemos perceber a síntese de Jenks (2005, p. 63) ao afirmar que "a criança sociológica moderna é terreno maduro para agendas alternativas", como a de levar a escola para floresta e a floresta para a escola. Portanto, foram lançadas aqui as questões: o que é pesquisar *com* crianças *na* Natureza? É diferente? Por que é diferente? É diferente por muitas razões que serão expostas mais detalhadamente nos capítulos seguintes, mas, sobretudo, é diferente porque aprendi que se faz necessário pesquisar ao brincar e brincar ao pesquisar.

Na sua pesquisa, Borba (2005) recorreu aos principais pressupostos da sociologia da infância e baseou-se nos mais recentes estudos sobre as culturas de infância, considerando, como afirma em seu resumo, a percepção de infância como uma "construção social e a ideia de revelar as crianças como atores sociais, sujeitos participantes na condução de suas vidas e na construção da sociedade em que se inserem". Dessa forma, as vozes das crianças foram incluídas no trabalho de Borba (2005) não apenas no processo interativo-reflexivo do trabalho de campo, como também no processo interpretativo de análise das observações realizadas. Optei por seguir o mesmo caminho neste trabalho, revelando a autoria das crianças que (autorizaram e) foram autorizadas e manifestaram o desejo de participar do trabalho (essa questão será abordada mais detalhadamente no próximo item).

Por fim, quis trazer para este texto, numa expectativa de atender aos anseios de Agar (1980 *apud* Jenks, 2005, p. 68), quando expõe que "os novos modos de escrever e os novos produtos textuais devem ser baseados em novas estratégias de investigação", uma extensão da prática de forma coerente desde o projeto etnográfico às notas de campo. É a partir dessas notas que o investigador toma a devida distância em relação ao campo e permite-se desabrochar para a floração de processos criativos, na certeza de que a vivência no campo é intensamente rica e literária. Há, portanto, neste trabalho, um limite invisível entre as transcrições das notas/diário de campo e o conteúdo das análises da investigação. Essas "fronteiras" ficaram pouco nítidas, de modo que encontraremos aqui, nos capítulos seguintes, a coexistência de trechos do diário de campo e seus contornos literários com o texto acadêmico. Então, parafraseando Jenks (2005, p. 68), para escrever textos diferentes, ainda que acadêmicos, assumindo a polifonia como algo favorável, por que não semear uma produção científica e colher uma produção literária, poética?

2.3.3 Ética na pesquisa com crianças

No sentido de buscar novos modos de escrever um texto etnográfico polifônico, respeitando o desejo das crianças em participarem desta pesquisa, trago o debate a respeito da autoria das crianças, tocando no dilema sobre as perspectivas éticas na academia. Para Fernandes (2016, p. 763), "essas perspectivas mobilizam-nos a pensar que desenvolver pesquisas eticamente informadas com crianças implica deixar emergir um campo mais complexo no qual o investigador é confrontado com novos dilemas éticos e novas responsabilidades". Desse modo, é necessário considerar que não há uma homogeneidade da infância e, também, não há métodos prescritos, "uma ética à *la carte*" (Fernandes, 2016, p. 763). Há, na realidade de cada campo, uma heterogeneidade de possibilidades metodológicas para pesquisas com crianças, como há uma pluralidade entre elas próprias.

Sem ignorar as implicações éticas e as possíveis (e imprevistas) consequências que a exposição da identidade e imagem das crianças poderá trazer e, sobretudo, atento ao debate relativo à autoria e à autorização apresentado por Kramer (2002)[74], optei por revelar apenas o primeiro nome (verdadeiro) daquelas crianças cujos responsáveis legais (em Portugal, diz-se "encarregado de educação") autorizaram-nas a participarem da pesquisa e a serem identificadas. Optei também por incluir as fotografias com as imagens dos rostos das crianças que foram autorizadas e manifestaram o desejo de aparecer no trabalho, pois a força e a potência que esses registos imagéticos trouxeram contribuíram, de forma significativa, para a apresentação e a análise dos dados coletados. Essa opção dá-se pelo fato de que incorreria num paradoxo não revelar os nomes verdadeiros, mas expor os rostos das crianças.

Dentre as 180 crianças (100%) da EB1 da Várzea de Sintra e participantes do projeto, foram solicitadas autorizações aos encarregados de educação de 54 delas (30% do total) para que pudessem participar da pesquisa. Destes 30%, a maioria (70,37%) autorizou-me a pesquisar e a identificar seus(suas) filhos(as) ou netos(as); foram apenas seis encarregados (11,1%) que autorizaram seus(suas) filhos(as) ou netos(as) a participarem do trabalho, mas não autorizaram a identificação das crianças (estas aparecem no texto com nomes fictícios e seus rostos não são mostrados); uma única mãe (1,8%) não autorizou a sua filha a participar da pesquisa; e nove encarregados (16,66%) não responderam ao pedido.

Para Fernandes (2016, p. 763), a ética está ligada à construção ativa de relações de investigação e depende da "consideração da alteridade que configura a infância". Durante o processo de solicitação das autorizações, muitas das crianças afirmaram com entusiasmo o desejo de colaborar, de ajudar de alguma maneira no trabalho do "Rafa" (maneira afetuosa pela qual me tratavam)[75]. De acordo com Corsaro e Molinari (2005, p. 194):

> Na investigação em espaços educativos com crianças pequenas, estes objetivos dependem de: lidar com e desenvolver a confiança de uma série de educadores adultos; obter conhecimento do funcionamento da estrutura social, natureza das relações interpessoais e rotina diárias no local, ganhando a aceitação de professores e crianças.

Não foram, obviamente, todas as crianças e adultos que me despertaram a empatia (e eu a deles) ou me tenham afetado tão profundamente (e eu a eles) e, daqueles que, porventura, eu tenha conseguido aproximar-me (ou alcançar), nem todos estavam autorizados a participar da pesquisa. Nesse sentido, sem afetar os objetivos pretendidos e a reflexão final, por ética acadêmica, neste livro apresento apenas um recorte da pesquisa, deixando de fora um volume considerável de relatos e evidências das potencialidades percebidas no campo.

Foi sobretudo no campo dos afetos, da relação de proximidade criada pelo brincar cotidianamente com as crianças que a força dos diálogos e das imagens coletadas compuseram a potência (e a poética) deste trabalho. Estamos diante de relações de poder evidenciadas por uma hierarquia protocolar que nos empurra para uma (in)visibilidade epistemológica das crianças na pesquisa. Para Spyrou (2011 *apud* Fernandes, 2016, p. 774), é deveras importante identificar as vozes das crianças, mas tão importante quanto é "situá-las devidamente nos campos discursivos de poder em que são produzidas". Fernandes (2016) traz-nos também a discussão sobre a autoria das crianças e dos adultos nos textos de pesquisa, de modo que a ética está pungente no momento da análise e interpretação dos dados. A ideia de que as crianças são autoras e parte do processo da pesquisa não exclui da consciência do pesquisador o fato de que elas precisam de cuidado e atenção (Kramer, 2002). As leituras sobre esse debate ético na pesquisa com crianças levaram para a prática educativa a reflexão sobre o que é pesquisar *com* crianças *na* natureza. O contexto que eu pesquisei é diferente e contrasta com o contexto das periferias urbanas pesquisado por Kramer (2002).

com

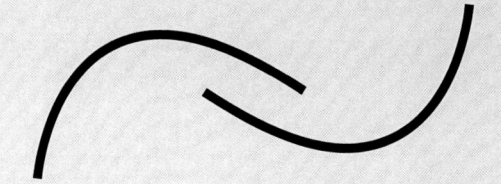

indica em companhia

CAPÍTULO 3

AS POTENCIALIDADES DAS PRÁTICAS EDUCATIVAS NA/PARA/COM/PELA NATUREZA

O que pode ser ensinado são as coisas que moram no mundo de fora: astronomia, física, química, gramática, anatomia, números, letras, palavras. Mas há coisas que não estão do lado de fora. Há coisas que moram dentro do corpo. Estão enterradas na carne, como se fossem sementes à espera... Sim! Sim! Imagina isso: o corpo como um grande canteiro!

(Rubem Alves, 2018, p. 52)

Neste capítulo, apresentarei parte dos dados gerados ao longo do trabalho de campo que evidencia as potencialidades das práticas educativas a partir da observação das interações entre crianças, adultos e Natureza, em contexto educativo. A análise aqui proposta assume-se com contornos literários e não pretende aferir se o projeto da Escola da Floresta Bloom cumpriu, ou não, os objetivos perseguidos, mas aponta para a percepção do modo como os sentidos podem ser canais de aprendizagem, de como a relação entre a escola e a floresta é dinamizada pelas práticas educativas e de como as crianças com necessidades educativas especiais se relacionaram nesse contexto. Desse modo, organizei a análise nas seguintes dimensões: 1) educação dos/pelos sentidos; 2) práticas educativas como ponte entre a floresta e a escola; e 3) práticas inclusivas na natureza.

3.1. A educação dos/pelos sentidos

Como é que a criança se sente na floresta? E como é que as educadoras se sentem numa floresta que dizem ser escola? Qual o sentido de desemparedar (Tiriba, 2018) a educação das crianças? Abrantes

(2003) fala-nos em perceber as identidades juvenis e as dinâmicas de escolaridade buscando os sentidos da escola. Todavia, não será apenas o significado de "caminho, direção" que seguirei aqui, mas também o de "sentidos fisiológicos", ligados às emoções e ao corpo, aos sentidos de exterocepção (a visão, a audição, o paladar, o olfato e o tato) e interocepção (fome, sede, frio, cansaço e estresse). O autor divide em três partes a ideia de "sentido" (neste caso, atrelado aos sentidos da escola): 1) o sentido como significado das coisas, para que serve a escola, qual a razão da escola existir, se a escola faz ou não sentido; 2) os sentidos fisiológicos exteriores e interiores, como sensações, desejos, como ver, ouvir, sentir e tocar; e 3) a ideia de sentido como direção, quais caminhos e rumos que a escola tenciona tomar, para onde ela vai, qual o futuro daquilo. Desse modo, inspirado por esses sentidos, apresentarei essas ideias para falar da educação dos/pelos sentidos provocada pela Natureza e pela prática do desemparedamento na educação de crianças.

Figura-se frágil a garantia de que as crianças gozem e aprendam ao brincar livres ao ar livre, com os amigos, vivendo aventuras e desafios, sem que sejam constantemente orientadas por adultos. Essa é uma preocupação recente nas sociedades globalizadas. Estamos numa realidade mais moderna, tecnológica, globalizada, informada e informatizada, porém, neste caminhar, perderam-se hábitos, vivências e espaços que exercem influência direta na qualidade de vida do cidadão (Bento, 2015). A EB1 da Várzea de Sintra esquiva-se de "sequestrar" e controlar o tempo e os corpos das crianças ao evitar extrair-lhes as suas forças por exaustão física e mental (Tiriba, 2018). Assim, um dos grandes desafios da equipe pedagógica da escola e das monitoras do projeto foi encontrar um equilíbrio entre uma sociedade cada vez mais preocupada com compromissos de várias ordens e a preservação de experiências de bem-estar e de ligação ao mundo, que garantam a prática do brincar em espaços naturais de modo a promover infâncias repletas de experiências de desenvolvimento e formação mais alargadas. Para Tiriba (2018, p. 244), a "hipertrofia da razão remeteu a um segundo plano as sensações físicas, as emoções, os afetos, os desejos, a intuição a criação artística, dimensões e canais de expressão da experiência humana", olvidando-se da educação dos sentidos. As evidências de que as atividades junto à natureza despertam os nossos sentidos de modo potencializado surgiram já nas primeiras sessões do projeto. Quando subtraímos um de nossos sentidos, os outros são potencializados.

Os primeiros contatos com as abordagens experimentais foram surpreendentes, tanto para as educadoras quanto para as crianças. Como exercício para focar a atenção e imediatamente lhes provocar uma experiência direta, foi proposta uma caminhada suprimindo até dois de seus sentidos, às cegas e às surdas, sem ver ou ouvir, apenas a caminhar. A proposta pedia que caminhassem num lugar previamente demarcado com paus no chão, formando um círculo, primeiramente com os olhos fechados; num segundo momento, apenas com os ouvidos fechados; e, num terceiro momento, com os olhos e os ouvidos fechados. Com o desafio de tentarem não se esbarrar umas nas outras, as crianças deveriam, portanto, procurar orientar-se com os sentidos que restavam. Na sequência da experiência, formamos um círculo e tivemos um breve momento de troca de experiências para dizerem o que e como se sentiram durante a proposta. O verbo "sentir" é proposital, pois normalmente perguntava-se "o que acharam" da proposta. Ao trazer o verbo disparador da questão que desperte as sensações e os sentimentos, pudemos alargar um contexto de respostas que transbordasse o "eu gostei", "eu achei legal" etc. Jorge[76], Duarte, Vasco e Madalena (todos com 9 anos de idade), e as monitoras, relataram o que sentiram.

> Rafael: O que sentiram?
>
> Jorge: Eu senti que a natureza me guiava para onde ela queria.
>
> Rafael: Por quê?
>
> Jorge: Porque eu ouvia os pássaros, e ia andando... e... gostei de passear de olhos fechados e ouvidos.
>
> Rafael: E tu?
>
> Duarte: Parecia que a Natureza estava a controlar-me.
>
> Rafael: E como é isso?
>
> Duarte: É, tinha... "tava" a me controlar sobre o cérebro... eu "tava" a ver sobre o cérebro...
>
> Jorge (*comentando à parte*): Isso é profundo...

> Rafael: Uau, isso nunca me aconteceu, podes dizer-me mais sobre isso? Como é que a Natureza controla o nosso cérebro?
>
> Duarte: Tu estás com os olhos fechados, mas aqui no cérebro, a Natureza consegue ver. O que está à nossa frente, o que está, hã... consegue virar os olhos, como nós, para os lados... consegue mexer-nos. Consegue fazer basicamente as coisas que nós conseguimos fazer.
>
> Vasco: Eu acho que o que ele está a tentar dizer é que nós também nos ajudamos a nós próprios um pouco, pois nós quando estamos a ver, guardamos o espaço, conseguimos guardar o cenário onde estamos a andar (Transcrição do vídeo gravado no dia 16 de outubro de 2018).

Na sequência, o grupo aprofundou mais o debate sobre as experiências de cada um e a partilha gerou uma reflexão a respeito do papel da natureza nas descobertas dos nossos sentidos.

> Vasco: Quando nós estamos com os ouvidos fechados, como ele disse que a Natureza entrava no nosso cérebro, como nós tínhamos os ouvidos fechados, a tapar, ela provavelmente não entrava, para nos guiar.
>
> Madalena: Quando alguém ia passar por mim, eu sentia um vento, parecia que era alguém, tipo a natureza. Eu sentia um ventinho quando alguém passava por mim (Transcrição do vídeo gravado no dia 16 de outubro de 2018).

Essa experiência permite-nos perceber a relação com os nossos sentidos mais amplos, não apenas aqueles cinco que nos são ensinados entre as paredes das escolas a ver imagens em livros. Clifford (2018) afirma estar familiarizado com, pelo menos, 14 sentidos ao trazer as experiências dos banhos de floresta japoneses, o *shinrin-yoku*.

> Outros sentidos adicionais conhecidos são a propriocepção e a interocepção. Quando mexemos o braço de olhos fechados, conseguimos perceber onde ele está. Sentimos a localização do nosso corpo no espaço. Isso é a propriocepção ou sensibilidade corporal. Também sabemos quando temos fome, quando estamos a ficar doentes, quando temos

> de defecar, e assim sucessivamente. Essas sensações representam a interocepção, que tem que ver com a consciência das funções internas. (Ao contrário dos "cinco sentidos", que pertencem todos à categoria da "exterocepção", relacionada com as informações exteriores que recebemos) (Clifford, 2018, p. 66).

O autor ainda complementa a respeito de quatro sentidos adicionais que não estariam no âmbito daquilo que é reconhecido por cientistas, como a sensação de espelho, o radar corporal, as sensações do imaginário e o sentido do coração, passando mais por uma consciência de energias invisíveis do que por estímulos visíveis ou palpáveis. Sendo estes três últimos depositários de um limiar muito sutil entre o que estamos sentindo e o que estamos a inventar.

As crianças afirmaram que a Natureza, esta *sujeita* anímica "oculta" e ao mesmo tempo explícita, poderosa e omnipresente, teria a prerrogativa de "invadir" os nossos cérebros quando subtraímos alguns dos nossos sentidos, estando, portanto, a guiar-nos, a apoiar-nos, a suprir aquilo que nos faltaria. Este comentário foi feito ainda no decorrer da primeira sessão dessa turma. Estávamos apenas começando. No fim dessa sessão, fizemos uma revisão daquilo que aprendemos por meio do exercício *ground picture*, que propõe fazer uma "fotografia" ou "pintura no chão" com os materiais coletados na natureza. Uma observação sobre esse exercício é a de que um dos grupos montou o seu quadro simplesmente atirando pinhas, folhas, paus, bolotas e pedras para dentro dele, de modo aleatório, à sorte e, do jeito que tudo caiu e ficou, eles assim nos apresentaram (Foto 5). Já o outro grupo, com um desenho metafórico, fez uma figura de um rosto com duas folhas de samambaia secas como se fossem os olhos, uma pinha como o nariz e dois tocos de pau como uma boca a sorrir com a língua de folha de samambaia (Foto 6). Ao serem perguntados de quem era aquela cara, Jorge (9 anos) responde: "é a cara da Natureza". Essa resposta assim, direta e objetiva, levantou-me as primeiras evidências da sujeitificação simbólica da Natureza pelas crianças e, dessa forma, um modo delas se reconectarem com a Natureza, como na proposta de Tiriba (2018). Na primeira sessão dessa turma, a Natureza não figurava como um mero cenário, um ambiente apenas; segundo as crianças, no contexto educativo ali exposto, ela tinha uma cara e controlava os nossos cérebros. Aquela era uma "cara" da Natureza.

Foto 5 – Trabalho do primeiro grupo que dispersou os elementos aleatoriamente

Fonte: o autor

Foto 6 – Trabalho do segundo grupo que simbolizou a "cara da Natureza"

Fonte: o autor

Na segunda sessão daquele dia com outro grupo, também registrei alguns episódios relevantes. No caminho, ainda antes de chegarmos aos currais dos animais, Miguel (8 anos) encontrou um pequeno inseto azul. O seu maravilhamento silencioso, à partida, o provocou ao ponto de ele não fazer comentários ou mover-se, para que pudesse ficar atento e conectado ao pequeno artrópode, tal como um caçador que concentra todos os seus sentidos na sua presa. Segundos depois, após ter suspendido a respiração para não afugentar o pequeno exemplar, ele disparou a perguntar-me, sussurrando, que inseto era aquele, se era venenoso e se poderia pegá-lo. Então, por meio de uma aproximação delicada, cautelosa e, sobretudo, respeitosa, como que pedindo licença, ele conseguiu colocar o inseto na mão, mas em poucos segundos o bichinho saltou e desapareceu. Ele olhou para onde supostamente o bichinho teria fugido, depois olhou-me profundamente nos olhos com ar de surpresa, satisfeito e, ao mesmo tempo, desapontado por haver perdido seu mascote. Quando ele me disse entusiasmado: "será que vamos encontrar mais? Foi divertido tê-lo no meu dedo!". Segui o caminho questionando-me quais as chances de um evento como esse ocorrer dentro de um ambiente cinzento, asséptico, emparedado e controlado de uma sala de aula. Qual o sentido dessa vivência para essa criança? Compreender as possíveis respostas a essas perguntas será símbolo do esforço empreendido aqui neste livro.

Outro momento dessa sessão que me despertou para a percepção da potencialidade da educação dos/pelos sentidos deu-se quando, para a entrada na floresta, brincamos de "Coruja e Raposa". O jogo é simples: há um caçador em busca da raposa, mas a coruja é muito amiga da raposa e fica "no alto das árvores" a observar tudo. Quando a coruja avista o caçador, ela emite o canto "hu-huuuu-huuuu", e então as raposas escondem-se. Eu fazia o papel da coruja e as crianças faziam o de raposas, ao passo que o caçador era imaginário. Na primeira vez que fizemos esse jogo, elas procuraram sair da estrada e embrenharam-se na mata. Logo ouvimos "encontrei um cogumelo", "olha, este pinheiro está marcado com vermelho", "ai! piquei-me neste arbusto!".

Por um momento, a experiência promovida pelo jogo de se esconder de um caçador imaginário transformou-se numa exploração espontânea e repentina. Fizemos a brincadeira cerca de três vezes antes de chegarmos ao campo de base e, assim, as crianças coletavam os atraentes medronhos[77] vermelhos e os bugalhos (frutos do carvalho) que se assemelhavam a bolinhas-de-gude caídas no chão. Então, com as mãos cheias de coisinhas, como um grão de milho (que estava espalhado para a alimentação dos burros), sementes de sobreiros, bolotas, pauzinhos, aglomerados rochosos, elas estavam sempre na ânsia de mostrar o que encontravam. Eram brinquedos não comprados, que não estimularam o consumismo e o desperdício, redesenhando os caminhos de conhecer (Tiriba, 2018). Os paus retorcidos naturalmente criavam formas que aguçavam o imaginário. Uns veem narizes, outros conseguem ver os objetos que os seres mágicos da floresta usam, dando corpo e sentido às narrativas próprias de cada sessão, alimentando a mística e o encantamento provocado pelo maravilhamento. Encontrar um cogumelo sem estar procurando, picar-se inesperadamente numa planta que está, a princípio, fora da sua trilha e fazer bolinha-de-gude de um bugalho, brincando de criar o seu próprio brinquedo com aquilo que não se comprou pronto numa loja (Foto 7), indica modos de redesenhar os caminhos do conhecer e, sobretudo, dizer não ao consumismo e ao desperdício (Tiriba, 2018) nas práticas educativas.

Foto 7 – Guilherme com o seu tesouro da floresta: uma bolinha-de-gude de bugalho

Fonte: o autor

Tudo isso provoca, de certo modo, aprendizagens a respeito do novo e agrega sentido àquilo que, porventura, poderão ler nos livros didáticos ou, ainda, desperta nas crianças o desejo de buscar saber o que são aquelas coisas surpreendentes no mundo natural. Por que não encontramos esses brinquedos nas lojas, nas ruas? Afinal, aquele arbusto no qual a criança se espetou e o pequeno fungo encontrado despertam a curiosidade e podem desdobrar em perguntas disparadoras de temas para as pesquisas das crianças: o que é isto? Que planta é esta que me espetou? Posso tocar neste cogumelo? É venenoso? Posso comer esse medronho? O que acontece se eu comer muito medronho? Quem colhe os medronhos destas árvores? Posso levar essas "bolinhas-de-gude" para casa? Para cada uma dessas questões, "abre-se um mundo dentro do mundo", como disse a monitora Joana Barroso numa entrevista para esta pesquisa. Não há, na maioria das vezes, uma resposta previamente esperada que possa vir das crianças. A nós, educadoras, cabia o papel de inspirá-las, de lhes permitir que sentissem, que experimentassem com segurança algumas sensações e aflorassem os seus sentidos respeitando os desejos do corpo (Tiriba, 2018).

De acordo com Tiriba (2018), o contato com a natureza deixa-nos calmos e tranquilos, despertando-nos experiências de bem-estar físico e espiritual, mas, nos planejamentos pedagógicos em geral, as educadoras esquecem-se de incluir as atividades ao ar livre, focando-se apenas na "apropriação de noções e conceitos sobre as propriedades da matéria, que permitam ordená-la, seriá-la ou simplesmente classificá-la" (Tiriba, 2018, p. 100). Olhar para a natureza com atenção, de modo a apreciar e a contemplar aquilo que nos envolve, provoca-nos o movimento, a curiosidade e o interesse em ir tocar lá onde os nossos olhos alcançam. A todo momento, na Quintinha de Monserrate, as crianças estavam com ganas de traçar novas rotas, percorrer caminhos que ainda não tinham feito, explorar livremente em busca de viver experiências novas. Portanto, muitas vezes, as práticas educativas pela Natureza não cumprem o plano da sessão de Floresta~Escola elaborado pela educadora. Em escolas tradicionais,

> A experiência vivida é desvalorizada, ou em outras palavras, o que surge como interesse não se constitui como objeto de pesquisa pedagógica porque os adultos funcionam como donos do planejamento, das atividades, do tempo

> e dos materiais pedagógicos, definindo o que, quando, onde e como as crianças devem aprender. Assim, não é o movimento do grupo, resultante dos seus interesses, de suas percepções sobre a realidade, que indica os caminhos a seguir; não é a observação das atividades espontâneas das crianças que aponta os temas de trabalho (Tiriba, 2018, p. 103).

Essa afirmação de Tiriba enquadra-se no contexto emparedado da educação de crianças inseridas na maioria dos jardins de infância e escolas básicas do Brasil, mas também se encaixa perfeitamente no caso português. Pude notar, a partir da aproximação daquelas crianças a esta pesquisa, que o ato de olhar, de apreciar e de pensar é um importante mecanismo pedagógico. As monitoras da Escola da Floresta Bloom perceberam que as crianças da Escola Básica da Várzea de Sintra produziam os seus temas de trabalho na escola a partir das suas curiosidades e interesses, desenvolvendo projetos e pesquisas que contemplam o currículo nacional. Nesse sentido, a curiosidade provocada pelos inúmeros estímulos ao redor foi a grande inspiradora das sessões na floresta. Um desses estímulos era a paisagem.

Para ilustrar o que foi exposto, trago o episódio passado quando seguíamos o caminho habitual para a floresta e Leonor (9 anos) me perguntou se não poderíamos seguir uma nova rota. Então, passamos por um caminho que fazia uma volta ao fundo da trilha de subida e, em vez de subirmos para os currais, seguimos adiante, por uma parte mais elevada com umas rochas que permitiam espreitar toda a parte baixa da quintinha. Do alto, Leonor e os seus colegas avistaram o grande muro de pedra que circunda o pomar embaixo onde, inclusive, estavam as crianças do outro grupo. Havia toda uma forragem de folhas vermelhas das videiras virgens, uma paisagem mesmo exuberante. Leonor perguntou-me, então, se eles poderiam ir até lá. Ora, por que não? (Foto 8). Ainda que tivéssemos como objetivo chegar à floresta, o que eles queriam era descer; então, descemos. Estávamos desemparedados: não tínhamos uma parede, uma porta, uma grade, um portão ou barreiras físicas que nos impedissem de ir até lá, e o desejo delas era aquele. No meu diário de campo, escrevi sobre o respeito aos desejos do corpo e relatei a descida pela trilha abaixo, com algumas crianças mais eufóricas que outras a correr e a explorar o terreno irregular e repleto de obstáculos. Havia um tanque de água feito de pedras, árvores frutíferas no pomar (macieira, laranjeira e limoeiro), arbustos, o curso d'água. As crianças quiseram subir nas pedras para espreitar dentro do tanque. Esse momento de escalada foi interessante, pois precisaram de ajuda mútua. Primeiro, sentiram a textura da pedra, as gretas onde enfiariam os dedos para escalar. De cima, na borda do tanque de água, quiseram atirar pedrinhas lá para dentro e, claro, questionaram-se por que é que elas não boiavam como as folhas. Supuseram, também, para que serviria o tanque e desvendaram o mistério: servia para regar a horta por meio do sistema de condução. Uma lista repleta de "desconhecimentos" que evidencia um conjunto de coisas a se saber, que encontrara um novo caminho para ser conhecido. Portanto, não seria esta, tal como posto por Tiriba (2018), mais uma forma de redesenhar os caminhos do conhecer? Precisávamos seguir, então, perguntamos se gostariam de ir à floresta e, com entusiasmo, concordaram, mas fomos em total silêncio e conexão em grupo, pois sabíamos que se nos mantivéssemos juntos e atentos, não seríamos presas fáceis para a suposta raposa.

Foto 8 – Momento em que Leonor pergunta: "podemos ir lá tocar naquele muro encarnado?". Ora, por que não?

Fonte: o autor

Para ser um inspirador na floresta, é preciso estar sensível aos sentidos para perceber os momentos de aprendizagens significativas. Joana Barroso relatou-me um episódio significativo que decorreu também quando esteve com outro grupo de crianças naquela mesma zona da quintinha. Como veremos na transcrição a seguir, tudo começou ao sugerir que as crianças ofertassem à água folhas secas carregadas de seus segredos e, logo, as folhas seguiram o fluxo do córrego. Para Joana, não seria conveniente impedir que as crianças seguissem e descobrissem onde iriam parar os seus segredos. Aqui é o limiar em que a educadora se questiona "Pode? Não pode? Por que não pode? Quais são os benefícios se seguimos?", entre outras questões. Vejamos o que nos conta Joana:

> Acho que há uma ou duas imagens que eu tenho. Uma é quando seguimos o fluir da água na quinta, não o da ribeira, o da rega. E seguimos os canais da rega a ver de onde é que ela vem, e vamos até à origem, até ao depósito da água. E perguntamos de onde é que aquela água vem, e sabemos pelo senhor António que ela vem das nascentes da serra e que depois é ali acumulada e depois faz aquele caminho. E quando encontramos aí umas folhas vermelhas, deitamos uma folha... fazemos um... portanto, foi todo um processo muito físico até chegar ao científico, de chegar à origem daquela água, a questão da gravidade, a origem etc., e depois entramos num universo poético e simbólico em que, podemos dizer, cada um com uma folha, aquela folha vermelha linda na mão e cada um segreda à folha algo que quer que a água leve. Alguma coisa que não faça falta na sua vida e quer que a água leve e alguma coisa que gostasse que a água trouxesse. E depois de segregar, cada um faz isso com tempo, com calma, com concentração, com foco, com... Estava tudo muito numa energia muito agitada e, de repente, há ali uma calma. Ouvir a água... e depois lançamos no regozinho. E elas quiseram todas ir a correr para ver onde é que ia dar essa folha. Eu às vezes tento um bocado refrear a dizer "ok, não preciso..." se não nunca mais, mas depois disse "não, vamos ver onde é que ela vai? Se estamos a fazer isto...". Então largaram-se as

> folhas e depois elas ficaram entupidas e eles foram desentupir o caminho. Abriram caminho para as folhas irem e, de repente, elas entram todas num tanque. Foi uma surpresa até para mim. Porque estávamos muito em cima e então elas entram todas dentro do tanque da rega. Todas quase assim... as folhas vermelhas e uma ou duas amarelas... e foi uma beleza! Uma imagem que vale por mil palavras. Elas abrem, saem do canal e entram todas no tanque e parecem tipo peixes, ou mensagens... não sei. Foi tipo uma grande união e ligou-nos a todos muito uns aos outros e, pronto, foi isso (Entrevista realizada no dia 6 de dezembro de 2018).

Seria aquele um grande laboratório vivo? Uma grande "sala de aula"? Ou será aquele curso de água, detentora de sabedoria, a própria educadora ensinando as subjetividades que a vida nos traz e, consequentemente, leva? Como afirma Nego Bispo (Santos, 2023), "a terra dá, a terra quer". Para tanto, as crianças precisaram sentir a textura das folhas, molhar as mãos, ver a cor das folhas e a transparência da água, ouvir o som que esta faz ao correr no rego, ver e viver o mundo por conta própria, com seus os sentidos ativados. Ao mesmo tempo em que estão, de certo modo, porosamente, educando seus sentidos, seus sentidos estão educando-as, portanto, educação dos/pelos sentidos.

Outro exercício que anula a visão e promove a confiança entre pares é o da "câmera fotográfica" (Cornell, 1997, p. 121). Esta brincadeira é feita em pares e consiste em fazer com que um participante assuma o papel de "fotógrafo" enquanto o outro assume o papel de "câmera fotográfica". Aquele que faz o papel da câmera fica de olhos fechados até que o "fotógrafo" o posicione diante daquilo que se quer registar. Então, quando o fotógrafo encontra algo interessante, ele posiciona a câmera, ou seja, conduzindo respeitosamente o rosto do participante, dá um leve toque nos ombros da "câmera", que abre e fecha os olhos rapidamente como um obturador de um equipamento de verdade. Fizemos esse jogo numa das sessões que ocorreu no pátio da escola em vez de na floresta. A riqueza do encontro das crianças com seus pares e, consequentemente, a cumplicidade entre elas e delas com a Natureza, presente na sua própria escola, é revelada no diálogo a seguir:

Professora Anabela: Olha, como ela disse, eu gostei muito de estar com a Natalia. Mas como sempre, cada vez que eu fecho os olhos fico assim com um bocado de medo. E acho que a gente anda muuuuito, muito tempo quando estamos de olhos fechados. Eu estava sempre a dizer: "quando é que vai chegar a fotografia? Já está bom, Natalia!". Mas aos poucos a gente foi ganhando mais confiança. E gostei de quando era a parte em que nós abríamos os olhos para tirar a fotografia, parece que as coisas eram ainda mais bonitas do que são. Nós tiramos a um tronco, a uma... às árvores, e aqui um destes troncos aqui desta árvore (*aponta para trás de si*).

Natalia: Foi aquela ali!

Professora Anabela: Quando nós abrimos e fechamos parece que as coisas são mais bonitas, mais nítidas...

Natalia: Foi aquela... (*aponta mais veementemente para uma árvore, para não restar dúvida*).

Rafael: E como é olhar muito rápido para uma coisinha e fechar? Como é assim? Uma coisa que vocês olham todos os dias, não é!?

Professora Anabela: É verdade!

Duarte: É diferente! É muito diferente! Porque quando estás a abrir e fechas logo a um bocado de tempo, tu percebes que há várias coisas nas árvores e na terra... nas pedras...

Rafael: Vasco!

Vasco: E vê-se... vê-se as coisas que os outros não veem (Transcrição do vídeo gravado no dia 20 de novembro de 2018).

A professora Anabela destacou que, com essa vivência, conseguiu perceber as coisas mais bonitas, mais nítidas. Ou seja, quando selecionamos ou usamos o nosso sentido da visão de forma mais seletiva, aquilo que está cotidianamente diante dos nossos olhos torna-se mais potente. Afinal, tanto as crianças como as educadoras frequentam aquele espaço diariamente. Assim, percebemos que, com essa brincadeira, o espaço da escola foi, aos poucos, sendo ressignificado, criando pontes com o lugar da escola. Vasco afirmou que, por meio desse exercício, conseguiu "ver coisas que os outros não veem". Não que ele tivesse tido uma alucinação, mas sobretudo porque ele passou a estar mais atento a detalhes que são ignorados pelos outros. "Ver o que os outros não veem" significa reparar nas sutilezas daquilo que as pessoas ignoram. Aqui, vemos que, na relação com a memória do exercício do "descobre a tua árvore" que fizemos na quintinha, junto à revisão feita na semana anterior (será comentada a seguir), Vasco organizava o seu raciocínio percebendo que estava ficando cada vez mais confiante (em si, no outro, no ambiente). Esta é, inclusive, uma das competências que o projeto visava desenvolver: a confiança.

Semanas antes, tínhamos realizado na quintinha o jogo "descobre a tua árvore" (Cornell, 2008, p. 46). Esta é uma brincadeira feita em pares. Nela, um está de olhos vendados e deve descobrir a árvore que o seu parceiro escolheu para si. Entretanto, o destaque dessa atividade não está apenas no potencial sensorial da experiência, pois, com a subtração de um dos sentidos (neste caso, a visão), a propriocepção, o tato, o olfato e a audição agudizam-se, mas o que mais me chamou a atenção foi a sensação de confiança e acolhimento das crianças. Duarte e Vasco relataram a experiência de terem brincado juntos pela primeira vez:

> Duarte: É... eu senti confiança. Quando toquei na árvore, parecia que aquilo estava tudo... parecia lama. E eu... o Vasco... era fácil de encontrar as árvores porque eu sentia as árvores. Porque uma era torta. Uma era assim... (*mostra com as mãos*)
>
> Vasco: Mas demorou....
>
> Duarte: Outra era assim... outra era mais ou menos deitada.
>
> Vasco: Igual a este tronco.
>
> Duarte: Sim, e depois era fácil de encontrar. E depois havia partes fofinhas que era muito fácil.
>
> Vasco: Eu só lhe dizia as finas e ele só me dizia as grossas (Transcrição do vídeo gravado no dia 30 de outubro de 2018).

Essa sensação de confiança foi retomada por Vasco noutros depoimentos em dias posteriores. No seu relato a respeito daquilo que mais gostou de fazer na floresta, pudemos perceber a profundidade da relação entre a Natureza e os processos educativos. Após uma breve reflexão, Vasco fez um comentário em que sujeitificava a Natureza como sua parceira nas brincadeiras. Ele afirmou que gostou de "brincar com as árvores" porque elas o enganavam:

> Joana (monitora): Pois é. E, Vasco, o que tu fazes neste espaço, o que tu gostas de fazer?
> Vasco: De brincar. (*pausa*) Com as árvores.
> Joana (monitora): Brincar com as árvores.
> Zé: Aquele jogo das árvores... (*e faz um gesto de abraçar*)
> Rafael: Agora, Vasco, as árvores brincam contigo?
> Vasco: Ham... (*demonstra-se titubeante e sinaliza que não ou que não sabe com a cabeça*).
> Rafael: Achas que não?
> Zé: Se tu imaginas...
> Vasco: Hã... sim...
> Rafael: Como?
> Vasco: Naquele jogo do descobrir a nossa árvore, elas brincavam um bocado comigo, porque umas eram mais finas do que as outras.
> Rafael: E achas que elas faziam isso para te enganar?
> Vasco: (*acena que sim com a cabeça*) Porque eu ia sempre às mais grossas. (Transcrição do vídeo gravado no dia 13 de novembro de 2018).

Vasco resgatou o jogo que fizéramos semanas antes e concluiu que as árvores faziam-se de mais grossas ou mais finas para poder enganá-lo na brincadeira. Essa evidência corresponderia, possivelmente, ao fato de ele gostar de brincar com as árvores. O fato de estar naquele jogo de olhos fechados despertou nele um sentimento de confiança que ele relatou uma vez mais na sessão seguinte. Vasco teve a oportunidade de trabalhar mais uma vez com Duarte e descreveu que foi desenvolvendo mais confiança no colega, relatando a experiência anterior:

> Vasco: Eu achava que isto ia ser um desastre! Eu lá na quinta, naquela parte de... naquele jogo de descobrir a nossa árvore, eu "tive" com ele (*e aponta para o Duarte*) e quando era ele a guiar-me, ele ia lá para aquela parte alta, que há lá muito tojo[78]? Pronto e eu picava-me muito lá, e eu pensava que aqui eu ia ham... que ia acontecer o mesmo.
>
> Rafael: E pronto, não aconteceu e então?
>
> Vasco: Não. Acho que estou mais confiante (Transcrição do vídeo gravado no dia 20 de novembro de 2018).

Esse processo de desenvolvimento de confiança no colega, a partir da supressão de um dos sentidos, fez com que, posteriormente, essa confiança fosse transferida para o contexto da floresta, de modo a trazer uma maior participação do menino nas interações. Na semana seguinte, retomamos as sessões na Quintinha de Monserrate. Fazia bastante frio e o orvalho tomava conta de todo o campo relvado por onde passávamos para chegar ao celeiro dos animais. A paisagem naquele ambiente restaurador era mesmo exuberante e despertou confiança, bem-estar e autoestima em todos. Quando alguém perguntou a razão daquele orvalho compor a paisagem como tal, Vasco prontificou-se e deu-nos uma aula a respeito do ciclo da água, explicando, detalhadamente e com desenvoltura, o seu processo até chegar a ser umidade sobre a grama.

Esse conjunto de episódios interligados permitiu concluir a forma como que, por meio dos sentidos, Vasco desenvolveu uma confiança mais aguçada nos seus amigos e em si mesmo. Percebemos a ampliação da sua comunicação e do seu laço social, sobretudo o seu reconhecimento a respeito dos ciclos da Natureza e, também, que ela brincava com ele, não sendo apenas brinquedo ou lugar para se brincar, mas assumindo um papel de brincante, de sujeito. Dessa forma, quando me refiro à educação dos sentidos, não me restrinjo apenas aos cinco sentidos básicos do corpo humano, mas também aos outros sentidos fisiológicos e ao processo pelo qual as crianças passam quando atribuem algum significado (ou sentido) àquilo que estão sentindo (ou aprendendo), ou seja, uma aprendizagem significativa. No exercício de descoberta da sua árvore, citado anteriormente, no momento da partilha, pude perceber que o potencial ali vivido não passava apenas por trabalhar os sentidos fisiológicos, mas pelo despertar da confiança, da empatia e do respeito mútuo entre crianças e adultos e entre estes e a Natureza ao seu redor. Ao sentir-se confiante, a criança eleva a sua autoestima e logra transferir esse estado para o seu processo escolar dentro e fora dos muros da escola, como no discurso da professora Anabela no capítulo anterior.

Outro episódio que relaciona a confiança com o entusiasmo e alegria ocorreu no pátio da escola com o exercício da câmera fotográfica, citado anteriormente. Com o segundo grupo que praticou esse jogo, os comentários situaram-se no âmbito da objetividade, bem menos subjetivos do que na experiência do primeiro grupo. Duarte (9 anos) comentou algo interessante: começou por dizer que também viu árvores, folhas e gramado, mas quando recebeu a pergunta "e o que você sentiu?", respondeu prontamente: "senti que estava mais livre, mais livre!" e fez o gesto de abrir os braços em expansão. Perguntei-lhe, então, por que é que ele sentiu isso, e Duarte, olhando profundamente para meus os olhos, respondeu: "senti-me mais confiante".

Neste caso, a criança não se referiu a confiar mais ou menos no colega ou na brincadeira, mas refere-se a si mesmo, ao seu estado anímico, uma vez que se sentiu mais confiante em si, nos seus processos, na sua postura, no seu ser e estar no mundo. Que escola ensina isso? Ou se há uma escola que ensina isso, como é ensinado? Entretanto, essas manifestações podem não surgir de imediato nos comentários das crianças, como afirma a monitora Margarida Pedrosa. Ao ser questionada sobre algum episódio que destacaria a respeito dos processos educativos na Natureza, a monitora comentou tanto sobre a felicidade das crianças quanto sobre a sua em proporcionar-lhes esse estado emotivo:

> Margarida: Assim, em termos práticos ou visíveis é mais difícil dar um exemplo. Porque acho que muito do que acontece na floresta, eles podem não referir de imediato, mas fica latente até ficar consolidado na emoção deles [...] o que se vê é sempre à *posteriori*, como por exemplo eles dizerem... dois miúdos que normalmente estão separados porque estão em grupos diferentes, da mesma turma, mas que estão em subgrupos diferentes. Também fiz uma pequena filmagem, perguntei-lhes como é que eles se estavam a sentir e eles disseram que estavam a sentir-se

> lindamente porque estavam na floresta. Isso fez-me sentir também uma pessoa importante por estar a dar-lhes esta oportunidade de se sentirem bem. Estar a ajudá-los neste momento a estarem no sítio em que eles consideram ser o sítio que os faz feliz. É mais abstrato, não tem assim um exemplo palpável (Entrevista realizada no dia 11 de dezembro de 2018).

Percebi que há muitos significados quando nos referimos à educação dos/pelos sentidos, ao despertar os sentidos do corpo, trazendo sentido para as coisas que estivemos a aprender, crianças e adultos, com a Natureza. As experiências diretas de contato com a Natureza, inclusive, levaram-me a questionar se esse caminho significa um processo de educar os nossos sentidos para que possamos ler e criar signos a fim de interpretar os estímulos do mundo ou se, por outro lado, serão os sentidos (fisiológicos, direções e razões) que educam os sujeitos, buscando um significado para essa categoria, de modo a trazer uma leitura de "a educação *pelos* sentidos". Os significados atribuídos por Abrantes (2003) para "sentido" (quando esse autor examinou o sentido da escola como sendo os sentidos sensoriais, as rotas e as razões) provocaram-me a perceber as potencialidades educativas quando crianças e adultos estão *na* natureza ou *com* a Natureza. Estamos dando passos lentos em direção a potencializar os 14 sentidos referidos por Clifford (2018). Talvez essa conjunção de sentidos, a que eu chamaria de cosmoscepção, seria um mecanismo da natureza humana para se conectar com a mestra Natureza, com as imanências do cosmos, e aqui deixo esse fio solto apenas como intuição, pois careço de mecanismos acadêmicos, técnicos e científicos para afirmar categoricamente sobre o tema. Quem sabe essa não se configura uma pesquisa futura mais alargada. Todavia, desde já, faz-me total sentido desemparedar a educação e as infâncias em busca de práticas educativas que façam pontes entre o fora e o dentro, entre o fora da escola e o dentro da escola, entre o fora do corpo e o dentro do corpo, que ofereçam estímulos para desenvolver tanto as competências socioemocionais quanto as habilidades perseguidas pelos projetos educativos das escolas.

3.2 Práticas educativas como ponte entre a floresta e a escola

A floresta não é apenas uma "escola", mas também uma educadora, uma mestra. Ela não nos ensina o que sabe, mas sim transmite-nos o que é. Com a floresta, aprendemos a cada nova estação, com cada migração de animais, com cada desabrochar das flores, com cada semente que rola no chão. São também esses sinais estacionais sutis que nos revelam os desequilíbrios climáticos, além das catástrofes de queimadas e enchentes. As crianças disseram-me isso. Do micélio fúngico ao dossel das árvores existe todo um conjunto integrado de sabedoria. Quando a escola vai à floresta, toca-se num desenvolvimento não apenas cognitivo, mas também socioemocional, de habilidades e competências tanto de crianças quanto de adultos. E o que acontece quando a floresta vai à escola?

Durante a pesquisa em campo, perguntei às educadoras da escola e às monitoras do projeto qual a relação que elas viam entre a Natureza e as práticas educativas. Para Joana Barroso, monitora e colega de projeto, quando estamos com crianças na floresta e na escola (ao ar livre), com práticas educativas pela Natureza, "há um novo mundo dentro do mundo". Para a monitora Filipa Meireles, é difícil separar uma coisa da outra. Filipa afirmou: "para mim, faz todo o sentido aprender com a Natureza na natureza. Porque, na natureza e com a Natureza, tu consegues aprender tudo o que é para aprender, tudo o que é essencial para viver". Para Joana Barroso, depende da prática educativa da educadora, pois existem abordagens ao ar livre que não estimulam em nada ou estão imbuídas de proibições que limitam a experiência e o contato direto com a natureza. Àquela questão, Joana respondeu:

> Acho que ajuda a centrar o indivíduo. Ajuda a centrar a pessoa, a criança, o jovem. Ou seja, equilibra-o, na relação de si, consigo mesmo e com o outro, e com o mundo. E nessa relação acho que o processo de aprendizagem se torna mais fluido, mais orgânico, mais verdadeiro. É mais na essência, é o que eu sinto, toca… toca em qualquer coisa que todos nós sabemos. Ajuda a ver a diversidade

> que existe, nas árvores, nas plantas, nos animais, como existe em nós. Ajuda na relação, nessa harmonia entre a desordem e a ordem. Ajuda a regular o racional, a regular a parte emocional. O que eu sinto é que depende da prática que tu tens na natureza, eu posso estar num espaço ao ar livre ou natural e ter uma prática pedagógica que não vai estimular nada. Naturalmente as crianças e nós todos nos estimulamos para aprender mais, para ter mais curiosidade, para escavar um buraco até ao fim da terra e saber quem é que eu sou. Para mim, ajuda-me a criar simbologias, ajuda-me na relação simbólica que eu gosto, para mim é um bom veículo de aprendizagem. E é isso, depende da tua prática pedagógica também (Entrevista realizada no dia 6 de dezembro de 2018).

Nesse sentido, a partir do diálogo com Joana, fiz uma reflexão a respeito da característica do projeto da EF Bloom. Nas suas práticas educativas, o projeto promoveu um pulsar, levando as crianças da escola para a natureza, para o contexto de floresta durante um ciclo de quatro semanas e, no pulso inverso, noutras duas semanas, a "floresta" foi para a escola, de modo a que as experiências e as memórias vividas na quintinha habitassem o pátio da escola. Sobre essa dinâmica, Joana acrescentou:

> Joana Barroso: Para já, nós, quando vamos à escola, temos sempre a necessidade de ou levar elementos naturais ou na escola encontrares onde é que eles estão, e de repente (as crianças) olham para as árvores pela primeira vez na escola, e de repente vão querer saber qual é aquela árvore...
> Rafa: Ou cavam ali e acham uma minhoca.
> Joana: Ou trepam ou cavam ou encontram. É como se houvesse um novo mundo dentro do mundo. Dentro do mundo escolar, do recreio cinzento, etc., existe outro mundo cheio de diversidade, de riqueza e de mudança. Quer dizer, no outono é uma coisa, no inverno é outra... E isso é mais eles próprios, certo? Como é que eu hei de dizer... quer dizer, eu não sou sempre um pátio. Eu sou sempre orgânico, não é? [...] não serve só a nossa presença, serve a nossa presença

> mais uma raiz, um tronco, um pau, um não sei quê... e isso faz pontes. [...] Como é? Estudar o estudo do meio. Eu estudo a árvore "não sei quê", o caminho "não sei quê" num desenho, num papel, numa coisa bidimensional [...] Mas, para mim interessa-me o processo consciente (Entrevista realizada no dia 06 de dezembro de 2018).

Nessa perspectiva, esse pulsar da escola que vai à floresta e a floresta que brota na escola é oriundo desses "educadores-catalisadores" que fazem a ponte entre ensino-aprendizagem, de modo a potencializar as interações no meio escolar e na floresta. Aquela natureza que está no pátio da escola será potência desde que haja ação da educadora, desde que ela faça a ponte entre os "mundos".

Essas potencialidades puderam ser percebidas nas áreas exteriores da escola. Quando lá chegamos pela primeira vez, antes mesmo que eu conseguisse atravessar o portão da escola, um menino correu para me mostrar que conseguia subir a árvore, como se me dissesse: "olha, aqui também temos árvores, aqui também temos floresta!". A área exterior da escola afigura-se como o terreno nativo delas. O pátio da escola é o espaço-tempo das culturas de infância, onde e quando elas podem ser (Foto 9). Aquilo a que Borba (2005, p. 52) se refere como "culturas infantis" emerge apenas nos espaços e nos tempos nos quais as crianças gozam de algum grau de poder e controle. Por exemplo, nos pátios, nos parques de recreio e nos intervalos, nos tempos vagos na rotina criada pelos adultos, nos lugares em que as crianças não estão sob o olhar atento e vigilante de um adulto.

Foto 9 – Vista panorâmica do pátio e da quadra de esportes da EB1 da Várzea de Sintra a partir dos fundos do terreno. À esquerda, vemos o prédio da escola e, atrás da baliza, ao centro da imagem, está o portão de entrada

Fonte: o autor

O objetivo com as primeiras sessões feitas na escola prendeu-se com a realização de uma revisão prática das quatro primeiras semanas passadas na floresta em Monserrate. Com as crianças de 6 a 7 anos de idade, propusemos uma brincadeira com o imaginário e a memória. A proposta passou por fazermos um desenho num papel de forma livre e que deveria retratar um lugar para se viver na natureza. Cada criança compôs criativamente, a seu modo, a melhor "casa" ou "lugar" para se viver e estar na natureza, apresentando posteriormente à turma as complexidades poéticas. Como afirma Staccioli (2011, p. 21), "as representações gráficas infantis são produtos complexos". Carlota[79] (6 anos) apresentou o seu desenho de forma muito criativa e não padronizada em termos de organização da sua narrativa idílica, evidenciando a dimensão da imaginação que é despertada na vivência com a natureza. A menina mostrou as figuras da imagem e, ao mesmo tempo, a construção subjetiva de cada significado.

> Carlota: Eu disse que eu imaginei o céu às cores. E aqui é para nós comermos isto. Podemos comer isso tudo que ... depois começa a nascer mais.
> Mariana (monitora): Porque tem sementes, não é?
> Carlota: Não. É que isso é mágico!

> Aura: É magia... (Transcrição do vídeo gravado no dia 12 de novembro de 2018).

Deste trabalho surgiram imagens que mostravam lugares para se viver na natureza, de modo a atravessar a força dos acontecimentos no imaginário de cada uma dessas crianças, como num desenho de Gonçalves,[80] que fez uma árvore com um quadrado no meio e, ali, estaria a casa ideal, onde, segundo ele, queria "viver até morrer, para sempre". Na vivência na natureza, num ambiente restaurador que seja forte em fascinação, desabrocham essas que são, possivelmente, "imagens da totalidade", às quais se refere Piorski (2016, p. 27):

> Na infância, o trabalho, o labor imaginário, é criar imagens contínuas ligadas ao início das coisas, à estrutura do mundo, à grandiosidade dos fenômenos, à força e ao peso dos acontecimentos, aos elementos primordiais que constituem a vida (água, fogo, ar, terra) e, principalmente, ligadas ao mistério do nascimento e morte de tudo. Essas são o que chamo de imagens de totalidade. São muito parecidas com as mitologias criacionistas que fundam o mundo. Por isso, as crianças fazem perguntas metafísicas, ligadas à origem mais primeira e ao fim último.

Após os comentários dos desenhos em sala, retornamos ao pátio. Queríamos conversar com todo o grupo. Provocamos-lhes com as seguintes perguntas: das nossas sessões na floresta, do que é que mais gostaram? Do que não gostaram? E o que gostariam de fazer?

> Rafael: E agora, do que é que vocês não gostam quando estão na floresta?
> Aura: Eu não gosto de ir sempre ao mesmo sítio.
> Rafael: Ah é, por quê?
> Alguém: Eu também não...
> (*Começam todos a falar ao mesmo tempo, dou a palavra à Aura, que estava com o braço ao ar*)
> Aura: Eu não gosto de ir sempre ao mesmo sítio, por isso gostava de mudar de sítio...

> [...]
>
> Rafael: No outro por cima...
>
> Mariana (monitora): Ah eu sei qual é... é quando se sai pelo portão dos cavalos e ir para ali para aquele caminho a ver onde aquilo vai dar...
>
> Rafael: Martim, diga...
>
> Martim: Eu não gosto também de ir sempre ao mesmo sítio porque acho aborrecido.
>
> Lis[81]: Eu não gosto de cair lá.
>
> Rafael: De cair? E como é quando cais?
>
> Lis: Podes magoar-te, podes fazer uma nódoa negra. Podes ficar de molho no dia a seguir ou umas horas depois. Podes fazer um arranhão, podes deitar sangue...
>
> Rafael: O que mais que não gostam quando estão lá? Maria...
>
> Maria: Quando não conseguimos acabar as coisas que começamos a fazer.
>
> Rafael: Tu não gostas?
>
> Maria: (*acena que não com a cabeça*) Não.
>
> Rafael: Mas é possível não acabar, não?
>
> Maria: É, eu às vezes faço uma casa e depois não dá tempo para acabar e eu não gosto muito.
>
> Rafael: Ok.
>
> Margarida (monitora): Mais ideias, para nós termos noção daquilo que acham e não gostam...?
>
> Paulo: Eu gosto de fazer fogueiras na floresta, mas...
>
> Aura: Ainda não fizemos...
>
> Paulo: Cala-te. Eu gosto de fazer fogueiras na floresta. Quando nós chegamos eu quero fazer fogueira (Transcrição do vídeo gravado no dia 12 de novembro de 2018).

Aspectos como visitar outros lugares (que em Portugal dizem "sítio"), não acabar aquilo que começaram e fazer fogo apareceram como pontos de desejo e, às vezes, de descontentamento. O exercício de puxarmos na memória o que vivenciamos na floresta aproximou--nos de uma percepção estética, em consonância com a percepção noética do conhecimento adquirido. Lembramo-nos do que sentimos (estética) e das percepções cujos sentidos fixaram da vivência, e não necessariamente daquilo que aprendemos cognitivamente (noética). A concordância de não gostarem de ir sempre ao mesmo lugar demonstra a curiosidade de saber o que há no desconhecido, a criatividade e a autonomia de assumir as suas vontades e não reprimi-las, a vontade de respeitar os desejos do corpo (Tiriba, 2018). Não terminar uma determinada tarefa também demonstra uma relação com o espaço, uma vez que a criança se alimenta da certeza que terá outras chances de concluir aquela tarefa ou trabalho no qual se esmerou. Por fim, a ideia de fazer fogo, este elemento essencial à vida, é instigante, de sobremodo se conecta diretamente com o exposto na citação de Piorski (2016). Nessa conversa com crianças de 6 e 7 anos de idade, conseguimos desenhar uma grande parte do panorama da importância da aplicabilidade da Floresta~Escola e dessas práticas educativas no contexto investigado.

A professora Anabela relatou-me em entrevista que já conseguia perceber alguns impactos do projeto nas crianças, ressaltando que a abordagem da escola em não incentivar demasiada competição, mas sim a colaboração, alinhava-se com os pressupostos das práticas educativas na natureza que a EF Bloom trazia:

> Anabela: Por exemplo, a Natalia. A primeira sessão, não sei te lembras, ela teve o tempo todo a gritar. Porque encontrou uma aranha, gritou. Porque encontrou uma abelha, gritou. Encontrou uma mosca gritou. E agora...
>
> Rafa: Ia ter que pular uma pedra...
>
> Anabela: Ia pular uma pedra, aquilo era "aaaahhh!!"
>
> Rafa: Ela foi a última a ser encontrada agora nas escondidas.
>
> Anabela: Foi? Hon que gracinha!
>
> Rafa: Ninguém a encontrou, estava mesmo nos picos, no tojo. Ninguém a encontrou.
>
> Anabela: Ah! Que engraçado! Pois! E outra coisa que eu também acho, essa coisa de conseguirem subir e trepar fortalece a autoestima deles: "eu consigo, eu vou conseguir" e isso reflete-se depois na escola também. Porque "eu consigo"... quando nós sentimos que conseguimos, estamos muito mais otimistas, não é!? E para a aprendizagem estamos

> muito mais predispostos para encontramos um obstáculo: "ok! mas eu vou conseguir ultrapassar este obstáculo". Eu acho que isso tem sido também muito bom. A nível de relação entre eles também tem sido fundamental. Eu acho que os laços que eles têm de amizade se fortaleceram e depois, isso passando para a escola, nós na escola trabalhamos muito a interajuda. Eles ajudam-se uns aos outros, e aqui não há competição. Nós na nossa escola, no nosso projeto, tentamos que não haja competição (Entrevista realizada no dia 4 de dezembro de 2018).

Dessa forma, pudemos perceber como o desenvolvimento da autoestima e da confiança interfere na sociabilidade e no fortalecimento dos laços de amizade entre as crianças. Outro aspeto bastante relevante é o acolhimento sentido pelas crianças quando estavam no contexto do projeto (sobre este ponto, falarei mais adiante).

Outro episódio ocorrido revelou um modo de estímulo à curiosidade que, de forma geral, enseja a metodologia de trabalho de projetos da escola. Dentro do contexto da prática educativa do projeto da EF Bloom, o imaginário em torno das criaturas da floresta foi o gatilho para uma pergunta disparadora. A partir daí, os desdobramentos poderiam compor roteiros de pesquisas possíveis de contemplar a base curricular daquele ciclo. Naquela sessão, fizemos uma atividade de construção de casas e abrigos para os animais que fossem hibernar no inverno. Naturalmente, alguns já sabem logo o que fazer e imaginam e evocam animais que poderiam habitar o pátio da escola. Aura, por exemplo, fez várias casinhas. Diante de uma poça de água, ela começou a descrever uma leitura daquilo que já estava posto, caído pelo vento ou posto em algum detalhe por ela. A monitora Mónica Franco registrou a explicação do seu trabalho em vídeo, de modo a captar a sua capacidade criativa, expressiva e comunicacional.

> Aura: Aquela folha grande ali é a casa onde o sapo fica lá pra baixo e dorme. Ali são os sofás, essas coisinhas pequeninas verdes, aquele pau ali é onde o sapo vai descansar um bocadinho em cima do pau, e estes carvãozinhos são onde as águas... onde ele protege-se das coisas, onde...

Mónica: Ok, mas o que é que ele vai fazer agora no inverno, o sapo?

Aura: No inverno, ele vai para dentro da sua toquinha aqui.

Mónica: Mas vai comer, vai dormir, vai descansar, vai o quê?

Aura: (*tirando a folha grande que fazia a casinha do sapo*) Olha aqui, olha aqui a mesinha...

Mónica: A mesinha?! O que é que ele vai fazer aí, diz lá!

Aura: Vai comer.

Mónica: Ah, vai comer!

Aura: Hum rum (*afirmativamente*) Vai comer e dormir.

Mónica: Dormir até que estação? Vai dormir o inverno todo?

Aura: Acho que ele vai dormir o inverno e a primavera.

Mónica: E quando é que acorda?

Aura: Hum... no verão (Transcrição do vídeo gravado no dia 20 de novembro de 2018).

Aqui, o destaque é que estes elementos — a poça, as folhas, o pauzinho e os carvões — já estavam ali. Aura, com a sua capacidade criativa e imaginativa, começou a projetar naquele local um *habitat* do sapinho. Ela já tinha feito uma outra casinha para as corujas entre os galhos de uma árvore do pátio da escola e, então, de repente, começou a ver "casinhas" em todo lugar do pátio da escola. Como no exercício da máquina fotográfica que o brincante começa a ver o que não via, Aura começa a criar imagens e significados a contextos que ninguém mais vê, só ela e quem mais comprar a fantasia que ela construiu.

Episódios como esses mostram que as crianças direcionam os seus interesses para outros focos de atenção quando estão nesses contextos de educação desemparedada. Crianças dessa idade normalmente brigam para ver quem vai pegar o brinquedo primeiro e disputam atenção. A motricidade fina ainda está em desenvolvimento, portanto, é comum que surjam ações estimuladas pelo ímpeto do desejo, como movimentos e gestos menos organizados. No entanto, o que vimos nos exemplos expostos tratou-se de uma delicadeza em se apropriar e se desapegar do que ali estava disponível. Aí aprendeu-se ou gerou-se o conhecimento por meio da experiência direta.

As práticas educativas na/para/com e pela Natureza aplicadas pelo projeto proporcionaram um contexto educativo/escolar bastante amplo, uma vez que criaram uma ponte entre a floresta, vizinha daquela comunidade escolar, e a própria escola. Os eixos apresentados neste capítulo não foram inicialmente traçados como hipóteses para a pesquisa, mas foram surgindo a partir do contato com aqueles sujeitos sociais naquele contexto do terreno da investigação. Uma curva inesperada que surgiu no percurso foi a percepção das potencialidades dessas práticas no atendimento das necessidades educativas especiais de determinadas crianças com deficiências educandas daquela escola. Será sobre esse assunto que me debruçarei no item a seguir.

3.3 Práticas inclusivas na natureza

Longe de mergulhar a fundo no tema da educação especial inclusiva em escolas integradoras ou na inclusão social por meio da escola (pois esse não é o foco desta pesquisa), este excerto abordará os episódios que destacam o envolvimento das crianças que apresentavam algum laudo médico atestando uma deficiência visível ou não e que exigiam determinadas necessidades educativas especiais (NEE), tanto por parte da EB1 da Várzea de Sintra quanto por parte do projeto da EF Bloom, nas suas interações e com o ambiente natural e os desafios que dele emergem.

De acordo com Pacheco, Eggertsdóttir e Marinósson (2007), há uma idiossincrasia em relação à inclusão e à integração educativas que está ligada diretamente à perspectiva prática de cada escola.

> A educação inclusiva tem sido discutida em termos de justiça social, pedagogia, reforma escolar e melhorias nos programas. No que tange à justiça social, ela se relaciona aos valores de igualdade e de aceitação. As práticas pedagógicas em uma escola inclusiva precisam refletir uma abordagem mais diversificada, flexível e colaborativa do que em uma escola tradicional. A inclusão pressupõe que a escola se ajuste a todas crianças que desejam matricular-se em sua localidade, em vez de esperar que uma determinada

criança com necessidades especiais se ajuste à escola (integração) (Pacheco; Eggertsdóttir; Marinósson, 2007, p. 15).

Dessa forma, a abordagem a respeito da inclusão educativa nas escolas será resultado de uma sociedade inclusiva, capaz de reconhecer a crescente diversidade entre os povos do mundo. Para Mantoan (2003, p. 16), a inclusão é incompatível com a integração "pois prevê a inserção escolar de forma radical, completa e sistemática". Desse modo, o objetivo da integração é inserir no espaço, no sistema e no contexto escolar aqueles que foram segregados de alguma forma anteriormente e, de outro lado, a inclusão foca-se em incluir todas as crianças no ensino regular, desde o começo da vida escolar.

Davis, Watson e Cunningham-Burley (2005), na sua pesquisa a respeito da investigação com crianças com deficiências, afirmam que a abordagem reflexiva provoca no investigador uma reflexão sobre suas ideias pré-concebidas e seus preconceitos, considerando a comparação dos seus próprios valores com as das pessoas estudadas. E complementam: "poucos escritores no seio do paradigma da nova sociologia da infância escrevem sobre as vidas de crianças com deficiência e muito poucos no campo dos estudos sobre deficiências mostram um interesse em escreverem sobre as vidas das crianças" (Davis; Watson; Cunningham-Burley, 2005, p. 216).

Portanto, buscando uma aproximação a algumas dessas crianças e seus mundos sociais, dedicarei aqui algum esforço para compreender como as crianças, com deficiência ou não, utilizaram as oportunidades oferecidas pelo projeto de modo a perceber as suas capacidades para interagir socialmente com outros atores e com a Natureza.

3.3.1 A guiar a educadora às cegas

Rares (10 anos) tem uma rara deficiência causada por uma alteração cromossômica. A Síndrome KAT6A[82] afeta a sua fala, a sua cognição e, principalmente, a sua visão. As capacidades de Rares são imensas apesar disso. De acordo com uma das suas colegas, em função de uma superproteção dos encarregados de educação, o menino fica restringido de fazer pequenas tarefas domésticas; no entanto, realiza na escola diversas atividades para as quais seria suposto apresentar certas dificuldades, mas considerando a gravidade do seu diagnóstico, ele apresenta bastante sucesso.

Nas atividades na floresta, pude perceber que Rares apresentou algumas dificuldades nas brincadeiras em que deveria fechar os olhos e nas situações em que deveria tirar o pé do chão, como trepar em árvores ou se balançar nos balanços, mas, por algumas vezes, solicitou-me para levá-lo de cavalinho, demonstrando-se seguro e confiante em, nesses casos, tirar os pés do chão. Ele se comunica basicamente por meio de sinais, apesar de emitir alguns sons com a boca e pronunciar algumas poucas palavras, como "papá", "mamá", "Maria" (sua irmã) e "Rares". A professora Anabela ressaltou também que o seu desempenho na escola é relativo, pois, devido à sua deficiência, apresenta desafios a nível cognitivo (equivalente a uma criança de 3 anos). Rares é muito afetuoso, dotado inclusive de uma hipersocialização. Ele memoriza facilmente o nome de uma pessoa que acaba de conhecer e balbucia esse nome sempre que a reencontra. Rares não toma nenhuma medicação, e a sua condição é uma situação para o resto da vida, pois não passa por tratamento, a não ser terapia da fala e, por vezes, a terapia ocupacional. Segundo a professora Anabela, ele gostava muito de estar na Escola da Floresta e ela mesma guardava certo medo de vê-lo subir e trepar nas coisas, mas num dia em que eu a adverti, dizendo-lhe que na EF Bloom não dizemos muitos "nãos" às crianças, ela deixou de comentar e conseguiu permitir-se a vê-lo expondo-se a riscos, mas, claro, sem estar em perigo.

No dia em que fizemos a brincadeira "descobre a tua árvore", todos participaram de forma muito assertiva e rápida. Entretanto, Rares foi o único que não quis colocar a venda sobre os olhos. Como os demais já estavam na segunda rodada, propusemos a Rares que levasse a professora Anabela, que aceitou o desafio. A princípio, demonstrei à professora que ficasse tranquila e segura, pois estávamos por perto. Rares é extremamente carinhoso, dotado de uma inteligência emocional muito peculiar. Notei que, durante o exercício, ele realizava uma ação muito sutil e poderosamente bela: enquanto a professora estava vendada, ele dava pequenos beijinhos no seu ombro, de forma a dizer, sem falar, que estava tudo bem, que ele estava cuidando da situação. Por sua vez, Jorge fez questão de dizer a todo momento para a professora ficar tranquila pois estávamos por perto. Ali eu comecei a perceber uma conexão e uma afetividade imensa. Não consegui concluir se foi o fator floresta ou se essa cumplicidade já estava consolidada antes do projeto. Estavam todos cuidando da professora Anabela com muito carinho, então eu supus que, em qualquer outro contexto, noutras escolas mais complicadas, assim que tivessem uma chance como essa, as crianças poderiam pregar alguma peça à educadora vendada.

Uma imagem que se constituiu como algo muito significativo para mim e que elegi como capa para este livro, por tamanha relevância, foi ver a coordenadora da escola vendada, às cegas, sendo guiada por uma criança que demanda necessidades educativas especiais (Foto 10). Nesse momento, pensei o quanto essa escola e esse projeto são especiais por revelar essas relações de confiança de modo tão sutil e exemplar. Além disso, pude perceber o quanto esse contexto se demonstrava privilegiado para identificar essas potencialidades dos processos educativos na natureza. Rares, segundo consta, é uma criança (*paidos*) que vê mal, e ele estava justamente guiando o caminho (*agogos*) daquela pedagoga que deveria guiá-lo no seu percurso educativo e que, nessa situação, estava completamente às cegas sendo conduzida por ele. O caminho era íngreme, repleto de rochas grandes e pequenas, com plantas espinhentas como os tojos, com árvores no caminho, enfim, cheio de obstáculos e desafios como na vida. Rares não só guiava, como também se dedicava a manifestar carinho e afeto, demonstrando que a professora podia confiar nele, se sentir segura, do mesmo modo como, acredito eu, a professora o fazia sentir em seu percurso escolar. Nunca escondi a emoção que me arrebata quando conto essa história em palestras e cursos que dou por aí. Consegui registrar o momento dessa inversão de papéis em fotografia, num rompante estético, filosófico e poético, num gesto rápido, sem pensar muito. Essa imagem, desde que cheguei em casa com ela em mãos e até hoje, para mim, sempre foi em tons de cinza. Lembro-me de ir no trem de Sintra para Lisboa a ver o entardecer e a pensar em tudo que estávamos proporcionando para esse grupo de crianças e adultos, em como escrever e descrever cada detalhe, cada lance, cada história. Essa imagem em tons de cinza diz um pouco sobre questionar a norma lógica do sentido hegemônico da visão de apresentar sempre uma estética em tons de verdes quando se fala de floresta e/ou de formação para professores ao ar livre. Ela também faz pensar que não ver as cores do mundo é uma certa deficiência, mas que isso não nos impede de ver as belezas dos atos, dos gestos e das ações entre humanos.

Foto 10 – Rares a guiar a professora Anabela pela floresta

Fonte: o autor

Na sequência a esse trabalho, fizemos uma roda de partilha no campo de base antes de descermos para o ônibus. Pelos comentários, notei o quanto é frequentemente manifestada uma desconfiança em trabalhar com Rares em exercícios como este; contudo, a relação de confiança foi construída durante as atividades e uma relação de respeito foi sendo consolidada. No diálogo a seguir, transcrito do registro em vídeo, podemos perceber como foi para a professora Anabela trabalhar com ele.

> Rafael: Então, como foi? O que sentiram?
>
> Anabela: Eu tive muito medo... (risos)
>
> Rares: "Rares"... (com dificuldade na fala)
>
> Jorge: (interrompendo) E o Rares a conduzir...
>
> Anabela: (continuando) ... estar com os olhos fechados, é um pouquinho assustador. E pronto, no início não estava a confiar no Rares, é verdade. Estava com medo que o Rares não me conseguisse... mas depois, aos poucos, fui começando a confiar e depois tínhamos ali mais um guardião, o

> Jorge andou sempre a ajudar-nos, mas aos poucos comecei a ganhar confiança. Quando nós somos crescidos, acabamos por ter mais medos e confiamos menos nas pessoas, é mau. É melhor como vocês que confiam logo. Mas aos poucos fui ganhando confiança e depois ele levou-me a uma árvore. Gostei muito de estar abraçada à árvore e sentir a árvore. E depois quando tirei a venda foi fácil encontrar porque consegui encontrar os galhosinhos, os bocadinhos ali por fora...
>
> Jorge: (*interrompendo*) Foi como ao Rafa, encontrou logo à primeira.
>
> Anabela: Foi... foi muito bom. Foi muito bom sentir.
>
> Jorge: Ele também se lembrou logo do caminho... assim... (*mostra com as mãos*) (Transcrição do vídeo gravado no dia 30 de outubro de 2018).

Na sessão realizada na escola, propusemos o jogo da "pintura de chão" descrito anteriormente, e a nossa provocação, após o desenho feito, foi: 1) descreve o teu quadro; 2) o que tu mais gostas da floresta, ou de fazeres lá; e 3) o que gostarias de fazer lá e que ainda não fizeste. Rares, a princípio, não quis fazer o exercício, apesar de estar o tempo todo com alguns elementos nas mãos, como galhos, folhas, pinhas e sementes, mas observou atentamente as apresentações da Natalia, da Leonor e da Madalena. Durante a apresentação do Duarte, Rares afastou-se uns quatro metros de onde estávamos na quadra da escola e ali, sozinho, fez o seu trabalho concentradamente. Em seguida, reunimo-nos em torno do trabalho recém-acabado de Rares para apreciá-lo.

Ele pediu silêncio com um gesto e só começou a falar quando todos se calaram. Entretanto, é delicado afirmar que ele se fez entender claramente. Em apenas dois gestos que ele realizou com as mãos e por meio de alguns sons feitos com a voz, os colegas dizem logo: "é a água!", "é a piscina!", "é a minipraia!". A professora Anabela interveio, buscando fazer com que Rares apontasse no desenho as coisas que dizia, por exemplo, se era a minipraia, então onde estava a água? Então ele apontava. Se há água, então há a areia da minipraia; por isso a professora perguntou "e a areia, Rares, onde está a areia? Aponta a areia!", ele apontou. Em seguida, perguntou-se da ponte, ele apontou. Duarte apontou para algo no desenho e perguntou: "e isso? O que é isso?". Ou seja, Duarte provocou uma pergunta aberta em que Rares deveria responder de forma descritiva, e não simplesmente apontar para aquilo que supúnhamos corresponder na imagem que ele construiu. A professora acabou, impulsivamente, por responder por ele, ainda que numa resposta hesitante: "são as rochas? Mostra-nos onde estão as rochas?", perguntou a professora. Então ele apontou exatamente para a parte em que Duarte havia questionado. Após a salva de palmas, a professora Anabela perguntou o que ele gostaria de fazer na floresta, ao que ele respondeu fazendo um gesto parecido com um "T", com ambas as mãos (Foto 11). Madalena traduziu-nos: "acampar", ao que ele responde positivamente[83].

Foto 11 – Depois ele explica o seu desenho, o que mais gostou e o que gostaria de fazer: acampar

Fonte: o autor

Nos jogos em que se deveria trabalhar em pares ou em grupo, ouvi mais de uma vez que, a princípio, os colegas não confiavam em serem guiados por Rares, mas depois iam se permitindo levar e iam adquirindo confiança. Na brincadeira da "câmera fotográfica", na sessão do pátio da escola, Madalena comenta:

> Madalena: Eu senti um bocado de medo, porque o Rares estava a guiar-me, pensava que ia tropeçar em tudo e cair

> no meio do chão. Mas foi divertido. (*olhando para o Rares de modo muito carinhoso e protetor*). É pena que o Rares tenha medo de fechar os olhos.
>
> [...]
>
> Rafael: Rares!
>
> Rares: (*comunica-se por gestos, faz alguns sinais com as mãos que deduzi se referir a "uma árvore lá ao longe"*).
>
> Rafael: E curtiste? Foi legal? (*Rares faz sinal afirmativo com a cabeça*) E o que mais gostaste de fotografar?
>
> Rares: (*faz um gesto com as duas mãos nos seus ombros. A minha leitura foi a de indicar que esse era o ato para acionar a máquina fotográfica, quando se aperta nos ombros e depois aponta para Madalena*).
>
> Rafael: ... de trabalhar com a Madalena? Boa! (Transcrição do vídeo gravado no dia 20 de novembro de 2018).

Na sequência desse exercício, foi a vez do grupo de Rares fazer a prática de descascar as cenouras, como forma de introduzir o manuseio de ferramentas cortantes. Tentamos explicar que o objetivo não era apenas descascar a cenoura como se fôssemos comê-la, mas sim como se fôssemos apontar um pau para fazer uma estaca. Percebemos que ele foi muito preciso e cuidadoso com cada etapa das orientações de segurança e, ao manusear o descascador, também foi impecável, pois apontou a cenoura tal qual havíamos orientado (Foto 12). Ali vi um Rares autônomo e confiante, executando com destreza uma tarefa manual. Davis, Watson e Cunningham-Burley (2005), num artigo a respeito da abordagem reflexiva das vidas de crianças com deficiências numa perspectiva sociológica, observaram a negação dos mesmos direitos e escolhas a essas crianças, de modo a impedi-las de desenvolver suas capacidades sociais e autoconfiança, em função de uma superproteção dos adultos por meio de uma vigilância permanente. Para esses autores, esse é um processo que implica as pessoas envolvidas no suporte do sistema educativo além dos médicos, dos encarregados de educação e das autoridades políticas no controle das vidas dessas crianças.

Foto 12 – Rares utilizando a ferramenta cortante com precisão e destreza

Fonte: o autor

Foi nas pequenas interações que percebi a capacidade de socialização do Rares. Ainda que tivesse uma limitação com a linguagem falada, isso não o impedia de se conectar. No trabalho em sala de aula, não há uma separação entre crianças com deficiências, portanto, que demandam necessidades educativas especiais, e os demais, pois, naquela escola, todas as crianças desenham o seu próprio percurso por meio dos projetos despertados pela curiosidade em aprender. Numa sessão na escola, durante o intervalo das aulas, percebi que durante o futebol ou em outras brincadeiras, Rares não se integrava bem, já que as outras crianças o deixavam um bocado de lado por não se adequar às regras ou aos acordos. Mas, na floresta, senti que não foi necessário um esforço extra de inclusão ou integração de Rares, ou de qualquer outra criança com essa demanda, na medida em que ele interagiu frequentemente com todos, crianças, adultos e, principalmente, a Natureza.

Foto 13 - Rares, na nossa última sessão, fez questão de tirar uma foto comigo, mostrando a lanterna que tinha feito

Fonte: o autor

3.3.2 O líder contador de histórias

A autoestima e a sociabilidade de Martim foram elementos fabulosos que encontrei ao conviver com crianças na natureza. Aquele menino nasceu com o lábio leporino, portanto, a sua fala é comprometida em função dessa má-formação congénita. Essa é uma alteração de carácter estético, mas pode causar um distúrbio respiratório, de fala ou de audição, como também, e principalmente, causar problemas emocionais, de sociabilidade e de autoestima. Martim tem uma fenda total do lábio e palato, associada a uma perturbação dos sons da fala com comprometimento da linguagem. Nas primeiras sessões na floresta, quase não nos apercebíamos do Martim se não chamássemos por ele, pois mantinha-se numa postura tangente das propostas, apesar de notarmos o seu entusiasmo cada vez que ele chegava à quintinha.

Numa sessão na quintinha, tínhamos feito a exploração do campo de base e, para despertar o interesse das crianças em construção de abrigos e estruturas, provocamo-los a perceberem a história do povo *Tchew-tchew*. É uma fábula que contamos às crianças de um povo minúsculo, do tamanho de um dedo, que vivia naquela região e teve as suas casas devastadas por uma catástrofe natural. A ideia para ajudá-los era reconstruir a vila, e foi o que fizemos. Começamos a construir os abrigos para os *Tchew-tchew*, entretanto, uma pergunta tomou conta do grupo: o que fazer no caso de a raposa aparecer? Naquele momento, Martim, que normalmente tinha a sua autoestima baixa, assumiu a ordem dos trabalhos e organizou as falas dos colegas, tal qual um presidente de assembleia ensinando e aprendendo a democracia (Tiriba, 2018). Ele liderou o debate passando a palavra a quem quisesse falar e estivesse, conforme combinado, com a mão no ar, interrompendo quem começasse a falar sem ter levantado a mão para pedir a vez, tal qual é feito nos dispositivos pedagógicos da EB1 da Várzea de Sintra. Essa postura de liderança foi muito importante para nos revelar um Martim que não conhecíamos até então. Das ideias que surgiram, a mais votada foi a de cantar uma canção de ninar para a raposa adormecer, tocando o instrumento que Inês havia encontrado (uma grelha para assar que se transformou prontamente em várias coisas divertidas, de binóculos mágicos a harpa, arrancando gargalhadas de todos, graças à irreverência e à criatividade da monitora do projeto Mónica Franco). Para a construção das casas dos *Tchew-tchew*, houve muita colaboração e companheirismo entre o grupo, tanto para carregar paus grandes e pedras quanto para cavar, organizar e traçar as moradas possíveis. Eles colocaram troncos e pinhas delimitando espaços e imaginaram onde seria a cozinha, a sala, o quarto e o quintal da casa dos serezinhos mágicos. A capacidade imaginativa na floresta é aguçada diversas vezes!

Após a tarefa da construção da vila, reunimo-nos debaixo da lona do campo de base para ouvirmos a história que Inês queria contar a respeito da evolução das bolotas que ela encontrou. Essa atividade não estava prevista no plano da sessão, mas se encaixou perfeitamente nela. Na Floresta~Escola, o planejamento é seguido apenas se tudo der errado, pois o fluxo das intenções e as surpresas do caminho quase sempre são os motores que guiam o momento. Após Inês, outros colegas e Martim também se inspiraram para contar uma história. Todas as histórias foram inventadas ali, no momento, utilizando os materiais que a natureza gratuitamente oferecia para a ilustração dos personagens e das situações. Martim contou-nos uma história mais ou menos "sem pés nem cabeça", mas em momento algum perdeu o entusiasmo ou a atenção da audiência.

Foto 14 – Martim C. com o seu bastão em riste que, nessa sessão, foi o líder aventureiro e cientista, com a monitora Mónica Franco e seus colegas

Fonte: o autor

A força de liderança e o pensamento criativo despertados em Martim para organizar os trabalhos foram ressaltados pela coordenadora e monitora da Escola da Floresta Bloom, Mónica Franco. Ao referir-se a esse menino, Mónica afirmou que, em termos dimensionais, o desenvolvimento dele merece destaque, uma vez que se pedíssemos de forma direta a Martim que contasse uma história, ou disséssemos "inventa uma história aí, Martim, e segura a atenção de toda a gente", nem ele, nem ninguém o faria sem dificuldades. Mónica destacou que "[...] ele, com aquela dificuldade enorme de expressão a contar uma história enorme de uma ponta a outra, que não percebemos nem de lado, nem de frente (risos), ele não parou com o entusiasmo" (Entrevista realizada no dia 6 de dezembro de 2018).

Portanto, a potencialidade que destaco aqui é a de perceber que, nesse contexto de floresta, de comunhão, a criança sente confiança e segurança para se expressar de todo modo, da forma mais criativa que lhe convier, com ou sem dificuldades na fala. A interação é posta de modo a não se ocupar de integração ou de inclusão. Não quero dizer com isso, de modo algum, que as estratégias das escolas para inclusão ou integração de crianças com deficiência são inúteis ou dispensáveis. Quero salientar que a Floresta~Escola, como abordagem, reconhece que a interação entre seres humanos e não humanos é basilar no constructo das relações e afetos. Simplesmente estar ali num ambiente restaurador e interagir, coletar materiais soltos pelo chão e ouvir a história de uma colega são os disparadores para despertar uma potencialidade numa criança que, em contexto de sala de aula, às vezes (ou quase sempre) se sente inibida, coagida, tímida ou com qualquer outro modo de redução de potência. Descobrimos na floresta um Martim líder. E, ainda, um líder democrático, que nos ensinou a democracia na democracia como nos inspira Tiriba (2018), ouvindo o debate, as propostas e os argumentos dos colegas de modo respeitoso, evitando conflitos, conduzindo o pleito harmoniosamente bem e conseguindo alcançar o consenso entre o grupo. E pensar que, no Brasil, em tempos de ódio, necropolítica e extremismos, os debates eleitorais de 2024 que foram televisionados exibiram cenas de violência física, xingamentos e posturas antidemocráticas, com cadeiradas, socos, cabeçadas e agressões verbais. Quantos exemplos e quantas lições esta pesquisa vem nos trazendo.

3.3.3 O foco que arde

Quando chegamos ao campo de base, na primeira sessão de Guilherme na floresta, brincamos com o banho de outono — uma grande ducha de folhas secas a caírem sobre as cabeças daqueles que ainda exalavam verão. No decorrer do dia, Guilherme parecia, a princípio, muito disperso e desconectado; todavia, no meio da sessão, percebemos que a curiosidade nele é pulsante, pois tudo coletava, tudo via, tudo o atraía. O menino pareceu-me, à primeira vista, ter certa dificuldade em focar atenção, ouvir ativamente, seguir as instruções das atividades propostas e de se concentrar nas tarefas, pois seu interesse difuso o levava a outras direções.

Na segunda semana de projeto, as monitoras começaram a introduzir propostas de jogos que provocavam tarefas de observação atenta em busca de evidências, pistas ou rastos de criaturas. Num dia, encontramos sinais da criatura que permaneceu no nosso imaginário por algumas semanas. Na trilha do curral dos burros, Guilherme encontrou algo que poderia ser o pelo da raposa: "parece que a raposa passou por aqui, não estou a gostar disto" (Foto 15).

Foto 15 – "Parece que a raposa passou por aqui, não estou a gostar disto", afirma Guilherme ao encontrar uma pista

Fonte: o autor

    Guilherme estava sempre muito alerta, proativo, adorava explorar, colocando as monitoras muitas das vezes em atenção, pois ele se adiantava do grupo. Após encontrar essa pista (que, na verdade, era um bocado da crina dos burros), ele passou a andar mais junto ao grupo, já que o imaginário da possível existência de uma raposa criou um limite invisível que supostamente ele não iria gostar de ultrapassar. Um limite de segurança, inclusive. Dessa forma, Guilherme e os demais passaram a confiar mais na nossa presença e proximidade e, em busca de segurança e proteção, conectaram-se mais conosco, os adultos.

    Tínhamos proposto o jogo da "coruja e da raposa", descrito anteriormente. A coruja é amiga da raposa, que está fugindo do caçador. Eu fazia a coruja, as crianças faziam a raposa e o caçador era uma criatura imaginária. Então íamos a caminhar pela trilha, a cada vez que eu fazia um assobio parecido com o de uma coruja, as "raposas" precisavam esconder-se fora da trilha, pois era sinal de que o caçador estava por vir. Esse jogo foi muito interessante para lhes despertar a mirada para fora do caminho preestabelecido. Dessa forma, as crianças viram entradas onde, em tese, não haveria. O tal limite invisível provocou neles o rompimento de uma membrana de "controle" e "segurança". Num desses alertas da coruja, ao esconder-se, Guilherme encontrou uma pinha com cogumelos que saíam das aberturas das sementes. O seu êxtase com a descoberta é inenarrável. A fascinação e o maravilhamento perante a descoberta envolveram-nos, atraindo a curiosidade e o interesse de cada um dos seus colegas de grupo, incluindo Mónica e eu.

A partir desse gatilho, Guilherme continuou muito explorador, não respeitando muito as regulações previamente acordadas. Contudo, com um pouco de flexibilidade de nossa parte, as monitoras, sempre alertas, o mantinham ao alcance das vistas enquanto o deixavam desbravar a floresta. Ainda que eu notasse nele um menino ativo, irrequieto, corajoso e desbravador, aquele receio de não saber o que fazer caso encontrasse um animal selvagem do porte da raposa mantinha-o num raio de segurança. Fazia valer a máxima de que só aprendemos sobre segurança assumindo riscos.

Na oitava sessão do projeto, Guilherme juntou-se a dois colegas para explorar a paisagem da quintinha. Aquela foi uma manhã com bastante névoa, e o orvalho sobre a grama presenteou-nos com uma fina camada esbranquiçada sobre o natural tapete verde. Essa umidade propiciou o frutificar de imensos cogumelos, de diferentes tipos e formas. Os três meninos que normalmente eram muito ruidosos, nesse dia, ficaram num silêncio gigante, pois queriam capturar uma aranha ou uma outra criatura qualquer para que pudéssemos ver na lupa. O maior receio era despertar os "seres mágicos" da floresta que tinham "acabado de dormir", pois permaneceram a noite em claro a protegerem a floresta. Eu não pedi para que fizessem silêncio, que se calassem ou algo parecido. Simplesmente disse que os "seres mágicos" deveriam estar cansados. Então as crianças, entre elas, pediram silêncio e exigiram foco e atenção para que pudessem capturar as criaturas. Aquela forma de regular e controlar os sentidos, caminhar de modo silencioso, atento, cauteloso, cuidando para não pisar em cogumelos ou em teias de aranhas, pois eram casas de outras criaturas, provocou-me uma reflexão sobre a potência da relação da Natureza com as crianças com necessidades educativas especiais. Guilherme normalmente estaria correndo, a gritar, a atirar coisas para o alto quando no ambiente escolar. E na floresta, uma lugar de muitos estímulos e convites à distrações, foi justamente onde o menino despertou a sua habilidade de falar baixo, andar com calma, não fazer ruído. Para mim, esse momento foi impressionante pelo fato de, previamente, tê-lo visto bastante agitado nas sessões realizadas no pátio da escola e, ali, ele valorizava o silêncio e atenção naquilo que lhe interessava naquele ambiente restaurador.

Louv (2016, p. 123), fazendo referência aos pesquisadores Rachel e Stephen Kaplan, fala-nos de um "ambiente restaurador". Este termo é um desdobramento do trabalho do filósofo e psicólogo William James, que, em 1890, havia descrito dois tipos de atenção: a "atenção direcionada" e a "fascinação (involuntária)".

> De acordo com a pesquisa dos Kaplan, o excesso de atenção direta leva ao que eles chamaram de "fadiga de atenção direta", marcada por comportamento impulsivo, agitação, irritação, e inabilidade de se concentrar. A fadiga causada pela atenção direcionada ocorre porque os mecanismos inibidores neurais cansam de bloquear os estímulos concorrentes. Como Stephen Kaplan explicou na publicação *Monitor on Psychology*, "se puder encontrar um ambiente em que a atenção seja involuntária, você permite que a atenção direta descanse. E isso significa um ambiente que seja forte em fascinação". O fator fascinação associado à natureza é restaurador e ajuda a aliviar as pessoas da fadiga causada pela atenção direcionada. Aliás, de acordo com os Kaplan, a natureza pode ser a fonte mais eficiente desse alívio restaurador (Louv, 2016, p. 123-124).

A montanha da Quintinha de Monserrate tem sua face para norte e seu cume contornado por pinheiros bravos. No outono, a incidência da luz do Sol vinda mais baixa a sul criava um exímio ambiente restaurador, citado na referência de Louv (2016). Fosse a teia de aranha sobre a grama e sob o orvalho da manhã, fosse a capacidade de fazer fogo com a lupa, tudo era fascinação pura. Parecia evidente o alívio da atenção direcionada nas crianças.

Na sequência desse episódio silencioso, fomos fazer um pequeno lanche ao pé de um sobreiro, e o menino fez questão de partilhar o seu lanche comigo. Minutos antes, Guilherme tinha mostrado outro momento de muita atenção, fascinação e interesse focado numa coisa: fazer fogo com uma lupa por meio dos raios solares. Estávamos observando os insetos com a lupa e Afonso virou a lente contra o Sol para "vê-lo grande", segundo o menino. Imediatamente alertei-o do perigo que era fazê-lo e demonstrei ao grupo o que acontecia quando a lente alinhava os raios solares num mesmo ponto focal: ardia. Aquela magia deixou Guilherme tão encantado que o menino não parou um só segundo de repetir a experiência. Ele estava fascinado. Involuntariamente fascinado. Seu hiperfoco nessa atividade parecia arder seu ânimo, sua alma, seu estado de ser e estar presente no aqui e agora, no acontecido do acontecimento. Percebi que a partilha afetuosa do lanche era uma expressão de gratidão por ter passado momentos de maravilhamento tão instigantes. E eu estava agradecido por ter percebido que um menino que, em teoria, não conseguia concentrar-se facilmente ou dedicar-se a uma tarefa, conseguiu se manter centrado demoradamente numa única tarefa: a lupa ao Sol (Foto 16). A oferta de partilhar a sua comida era uma forma de me dizer: "venha, partilhe do meu mundo!", ou então: "este mundo que estás a apresentar-me é deveras fascinante, mostre-me mais coisas!".

Foto 16 – Guilherme é observado por um colega na tentativa de causar alguma ignição com o foco da lupa e os raios do Sol

Fonte: o autor

Numa mesma sessão ocorriam dezenas de episódios relevantes que evidenciavam as potencialidades das práticas educativas na/para/

com e pela Natureza. A criança como sujeito social, produtora de cultura, reserva as suas idiossincrasias em relação aos seus pares, construindo a sua individualidade como parte integrante da sociedade. Portanto, na Floresta~Escola, a prática educativa inclusiva na natureza considera a heterogeneidade dos grupos participantes de modo a promover uma experiência particular para cada uma das crianças, seja com deficiência ou não, priorizando a interação. Conforme concluíram Davis, Watson e Cunningham-Burley (2005, p. 235), "as crianças com deficiência não são um grupo cultural homogêneo e, para indicar isso, como as outras crianças, as crianças com deficiência não são simplesmente sujeitos passivos de determinações estruturais". Para Mantoan (2003, p. 38), a contrapor a essas estruturas unidirecionais, "de transferência unitária, individualizada e hierárquica do saber", o processo de ensino-aprendizagem que atenda às diferenças das crianças, mas sem diferenciar o ensino para cada indivíduo, depende de assumir uma pedagogia ativa, dialógica, interativa e integradora.

Neste contexto criança/natureza, quando se está fora, ao ar livre, o educador não se ocupa exclusivamente de inserir, incluir ou integrar (colocar dentro), e sim de interagir. Havendo acessibilidade àqueles que estão incapacitados de se locomover, ou apresentam determinadas dificuldades motoras, a interação promove o desenvolvimento alargado do conjunto de habilidades e competências socioemocionais e cognitivas constantes em cada sujeito. Está na interação não homogênea entre as crianças (com ou sem deficiências) e seus pares, entre as crianças e os adultos e, destes com a Natureza, a potencialidade da Floresta~Escola como prática educativa em ambientes naturais.

Este item teve o objetivo de lançar luz às evidências da influência da Natureza no desenvolvimento das crianças com deficiências em contexto educativo desemparedado. Quando estivemos fora, no exterior, ao ar livre, as práticas educativas participativas aqui analisadas buscaram incluir as crianças com necessidades educativas especiais, gerando novas relações e permitindo as suas expressões livremente. Parte desse processo esteve relacionado com a atitude das educadoras em relação às crianças não apenas no ambiente natural, tendo em vista que as práticas inclusivas podem e devem ocorrer em todos os ambientes.

As aprendizagens de determinadas habilidades e competências tornaram-se significativas quando foram frutos das potencialidades dos sentidos fisiológicos. Dessa forma, as crianças encontraram um sentido para aquilo que estavam fazendo e aprendendo. As experiências diretas de contato com a Natureza, atreladas ao entusiasmo e à atenção, proporcionaram uma imersão no universo criativo e imaginário, de modo a ampliar os sentidos que as crianças puderam dar àquela escola. Com os dados aqui apresentados, foi possível perceber que as práticas educativas na/para/com e pela Natureza se dedicaram a promover aprendizagens que ativaram e educaram os sentidos das crianças.

A EB1 da Várzea de Sintra tem uma ampla área ao ar livre, com gramado, árvores e quadra de esportes, e passou a incluir (de forma indireta) a floresta da Quintinha de Monserrate. Como consequência, as atividades do projeto proporcionaram uma amplitude de estímulos à curiosidade e à aprendizagem dos conhecimentos ofertados pela escola não só em temas ambientais ou ecológicos, mas também, e principalmente, nas competências socioemocionais, como trabalho em grupo (cooperação), criatividade, resiliência, sociabilidade, comunicação, entre outras.

Os casos das crianças aqui analisados[84] revelam de modo surpreendente como a escola opera o seu projeto pedagógico e como as educadoras lidam com cada uma das necessidades das crianças, tendo como finalidade a inclusão de todas elas.

pela

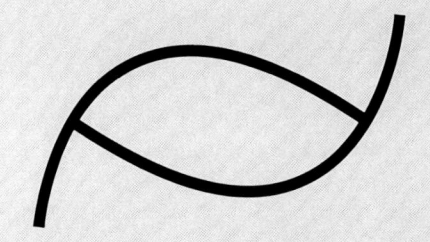

indica movimento ativo

CAPÍTULO 4

A CRIANÇA, O ADULTO E A NATUREZA

As inteligências dormem. Inúteis são as tentativas de acordá-las pela força. As inteligências só entendem a linguagem do desejo. As inteligências nada mais são que ferramentas e brinquedos do desejo.

(Rubem Alves)

Neste capítulo, num primeiro momento, falarei sobre os afetos como base para as práticas educativas na/para/com e pela Natureza, pois, como vimos, aquele *lugar praticado* potencializa as interações e provoca a expressividade de forma livre e espontânea. Para que a interação harmoniosa entre sujeitos seja percebida de fato como potencialidade, identifiquei que é preciso haver afetos. O afeto transforma-nos simultaneamente no corpo e na mente, racional e emocionalmente. O modo como somos afetados pode reduzir ou ampliar nosso desejo de pulsar e agir como sujeitos em sociedade. Essa minha percepção foi alcançada por meio dos desenhos das crianças no já referido exercício da "pintura de chão", que representou uma "ferramenta" fundamental na mediação da comunicação (Christensen; James, 2005a, p. 176) entre todos aqueles sujeitos envolvidos no contexto da pesquisa, crianças, adultos e Natureza. Nos desenhos destacados para análise neste capítulo, o aspecto preponderante para trazê-los foi a brincadeira, o brinquedo e o brincante. Para Alves (2018, p. 44), "todo conhecimento científico começa com um desafio: um enigma a ser decifrado! A natureza desafia: 'vê lá se me consegues decifrar'. E aí os olhos e a inteligência do cientista começam a trabalhar para decifrar o enigma". O autor faz ainda referência ao brinquedo e/ou à brincadeira, que deve, em sua essência, propor também um desafio, pois, de outro modo, não haveria ação do brincante, estímulo ou provocação para agir. Portanto, quando se juntam criança, adulto e Natureza, é brincando que se aprende, mas não só.

Num segundo momento, trarei algumas reflexões às questões: O que acontece quando crianças e adultos se encontram na natureza num contexto educativo? Qual a potencialidade desse encontro? O que é que a Natureza nos ensina, a adultos e crianças? O que aprendemos com a Natureza? O conjunto de respostas a essas questões permitiu-me organizar as evidências como um panorama dessas potencialidades de práticas educativas na/para/com/pela natureza com crianças.

4.1 A base dos afetos a partir da leitura dos desenhos das crianças

Pesquisar com crianças na natureza é estar poroso aos afetos. Como uma esponja que absorve, mas que também expele afetos e afetações. O contato sistemático e cotidiano, característico das pesquisas etnográficas, entre adultos e crianças na natureza, permitiu a consolidação de afetos que são traduzidos em demonstrações diretas, ou seja, se a criança se identifica e simpatiza com determinada coisa ou pessoa, ela vai até lá e conecta-se, manifesta o seu afeto. As formas de manifestação foram identificadas ao longo desta pesquisa de inúmeras maneiras: coletar uma pinha no chão, uma flor, uma folha, ou construir um boneco ou um objeto com materiais encontrados na natureza e presentear a pessoa querida.

Como parte da formação profissional do educador de crianças na natureza, as práticas educativas privilegiadas dão-se no contato com cada criança por meio do brincar, considerando a individualidade de cada criança. Cada um é um todo, um íntimo, um cosmos. O brincar, portanto, desperta modos de intimidade que ratificam as bases da construção do conhecimento: a intimidade lócus da vida material e a intimidade lócus da criança (Piorski, 2016). A primeira é uma tensão em sentido do real e a segunda é um movimento de repercussão na criança. Nos episódios descritos a seguir, tratarei daqueles momentos que poderão dar conta de expressar a ressonância das sessões na floresta, e o modo como é possível notar a repercussão e a extroversão dos afetos e das afetações da intimidade da criança com a floresta e as educadoras.

Numa das primeiras sessões na quintinha, uma turma estava brincando na minipraia, mas o Zé (9 anos) não estava muito a fim da água. Durante as sessões na floresta, o Zé não explorava muito o espaço, ficando mais contido numa tarefa e num lugar determinado, limitando-se àquilo. Enquanto uns estavam na beira da água a brincar, Zé, Vasco e Duarte começaram uma brincadeira de lançarem uma bolinha de barro que Duarte havia guardado da atividade anterior. Entrei logo na brincadeira e foi muito especial. Eu notei que quando eu errava o lançamento e a bolinha passava pelo Zé, ele ia buscá-la mais longe. Então, o menino começou a ampliar seu raio de atenção no espaço para buscar a bolinha de barro, repercutindo, dessa forma, na sua extroversão. A bolinha convidava Zé para explorar e mover-se. Eu "errava" o alvo intencionalmente, cada vez jogava mais longe dele (ou de nós) para que ele fosse buscar e, desse modo, ampliasse seu raio exploratório.

No exercício da "pintura de chão" feito na escola, de modo a desenhar uma imagem daquilo que mais gostaram de fazer na quintinha e daquilo que ainda gostariam de fazer futuramente, Zé desenhou-me e, de imediato, perguntei-lhe: "Ó pá, de todos estes dias na floresta, a coisa mais legal que tiveste fui eu? Não é possível!".

> Zé: Ahn... não tem assim como explicar... eu fiz o Rafa.
>
> Rafael: Eh pá... E por que fizeste a mim? Porque eu sou legal?
>
> Zé: Ahn... não (*risos*)... porque gosto de brincar contigo. Acho-te *fixe* (legal)...
>
> Joana (monitora): Olha, e o que é que ele tem na mão?
>
> Zé: É da aula passada que estivemos a brincar com o barro.
>
> Rafael: Ah! Aquela é a bolinha de barro...
>
> Joana (monitora): Foi uma coisa que gostastes de fazer?
>
> Duarte: (*apontando para uma lasca do pau da moldura*) O que é que é isto?
>
> Zé: (*respondendo ao Duarte*) Isso é uma parte do pau.
>
> Rafael: E o que gostaria de fazer lá...?
>
> Zé: Sei lá... qualquer dia andar a cavalo.
>
> (*todos se riem e regozijam-se*)
>
> Joana (monitora): Ah, muito bem... desejos podemos pô-los aqui todos... quem sabe o que vem no futuro... (Transcrição do vídeo gravado no dia 13 de novembro de 2018).

Foto 17 – O boneco que Zé desenhou com a bolinha de barro na mão: "Fiz o Rafa!"

Fonte: o autor

Esse episódio me fez questionar bastante os papéis do investigador, do participante, do observador e do educador, na mesma pessoa. De certo modo, estão todos ali no boneco de gravetos que Zé plasmou. Entender esses papéis dentro da estrutura do projeto da EF Bloom e da minha pesquisa acadêmica foi um outro desafio, afinal, eu estava ali a educar, a pesquisar ou a brincar? Será, portanto, brincando que se aprende? Será pelo sujeito brincante brincando que se faz pesquisa científica com crianças? Nas palavras de Rubem Alves (2018, p. 45), "é preciso que o professor saiba brincar e tenha uma cara de criança, ao ensinar. Porque cara feia não combina com brinquedo...". Aquele retrato no chão expunha, de certa forma, que aquilo que Zé mais gostava na floresta era brincar, portanto, desenhou a brincadeira, o brinquedo e o brincante numa mesma imagem, única e simples. Estão todos ali, a brincadeira da bolinha, o brinquedo, ou seja, a bolinha representada por uma folha, e o brincante, a figura antropomórfica. E uma simples bolinha de barro transformou-se em brinquedo, num mote de expansão do conhecimento do menino sobre o território. Portanto, aquilo que afetou o Zé foram as relações, o estar, o vínculo que se criou com as monitoras e com os colegas naquele e com aquele ambiente, por meio da brincadeira. Para Piorski (2016, p. 61), "o objeto brinquedo não existe sem a brincadeira, não se faz sem o corpo e a imaginação, não tem o caráter de narrativa sem o brincar". Uma bolinha de barro seria apenas uma bolinha de barro se não houvesse alguém para lançar; se não houvesse um outro alguém, não haveria interação e não haveria vínculo. Rubem Alves (2018, p. 44) completa:

> Há brinquedos que são desafios ao seu corpo, à sua força, à sua habilidade, à sua paciência. E há brinquedos que são desafios à inteligência. A inteligência gosta de brincar. Brincando, ela salta e fica mais inteligente ainda. Brinquedo é tônico para a inteligência. Mas se ela tem de fazer coisas que não são desafio, ela fica preguiçosa e "emburrecida".

Ler ou compreender um pensamento visual de uma criança nesse contexto de Floresta~Escola foi uma tarefa muito subjetiva. Primeiramente, pelos materiais utilizados, que, por si só, implicam significados aos signos escolhidos. Por exemplo, por que usar uma semente em vez de uma pedra? Por que usar um pau em vez de uma folha para representar determinadas coisas? Havíamos disponibilizado diversos materiais para as crianças produzirem as suas pinturas de chão, mas Zé escolheu uma folha para representar a bolinha de barro e não o próprio barro, que lá estava disponível.

Outro ponto interessante de notar nesse exercício foi a forma como o menino significou alguns dos elementos que colocou no desenho. Por exemplo, Duarte perguntou a Zé o que representava uma lasca do pau que fazia a moldura no seu trabalho; para o autor do desenho, aquela era apenas uma lasca do pau, até poderia ser a leitura de "uma solução banal ou criativa" (Staccioli, 2011) naquela imagem que ele tinha construído. O que estaria pensando Zé ao criar aquela imagem? O desenho da figura antropomórfica que representava a mim com o barro permitiu-nos ver o brinquedo, a brincadeira e o brincante. Zé não desenhou a quintinha ou partes dela, também não se desenhou, talvez não interessasse. A visualidade do seu pensamento nesse desenho permitiu-me explorar a reflexão lançada por Christensen e James (2005a, p. 176) a respeito dos desenhos das crianças quando nos dizem "até que ponto um grupo de crianças partilha uma determinada atitude ou opinião (por meio do desenho), que foi escutada pelo investigador num comentário casual". A riqueza e a multiplicidade de camadas de interpretação fornecidas nesse episódio revelaram não apenas a imagem, mas também o processo de produção, que, de modo geral, nos foram trazidos por meio dos diálogos sobre o que foi produzido. Essas camadas foram essenciais para compreender os afetos entre a floresta e a escola, adultos e crianças.

Na mesma turma de Zé estava Jorge (10 anos), que também desenhou a brincadeira e o brincante, mas de uma perspectiva diferente. Jorge desenhou uma cobertura de folhas secas pequenas e amareladas e, sobre elas, duas figuras antropomórficas, uma menor que a outra. A menor tinha uma cabeça de folha seca marrom-clara, e a maior, uma cabeça de pinha. Os dois bonecos são feitos de pauzinhos, mas a estrutura do corpo é quadrada e preenchida por vários outros pauzinhos. Há uma dimensionalidade diferente daquela presente no desenho do Zé. Nesse quadro, vemos também a intenção de retratar brincadeira. Apesar de ela ter ocorrido num local específico, no desenho não vemos detalhes da quintinha, nem uma planta baixa de toda a área como outras crianças fizeram questão de retratar. O que vemos são figuras antropomórficas em relação por meio de uma brincadeira que fizemos no primeiro dia em que fomos à floresta, o "banho de Outono".

> Jorge: Sou eu e o Rafa a brincar.
> Duarte: Eu disse que era o Rafa e o Jorge.
> Rafael: Ah... fixe. E quem é quem? Eu sou o mais pequeno...
> Jorge: Tu és este (*aponta para o maior com cabeça de pinha*) e eu sou este (*o mais pequeno com cabeça de folha*).
> Rafael: Boa. E estamos a brincar de quê?
> Jorge: Estamos a brincar daquela vez que estávamos a brincar embaixo da tenda a tirar a...
> Vasco: O barro.
> Jorge: ... as folhas, para cima.
> Rafael: Ah! O banho de outono.
> Jorge: Sim, o banho de outono.
> Duarte: Foi da primeira vez que estivemos na floresta...
> Rafael: Boa... E o que o Jorge gostaria de...
> Jorge: Gostava de continuar a brincar lá na floresta... a divertir-me (Transcrição do vídeo gravado no dia 13 de novembro de 2018).

Foto 18 – No desenho de Jorge, ele retratou uma fotografia do primeiro dia na floresta, o "banho de Outono"

Fonte: o autor

Para as monitoras, esse exercício não tinha o objetivo de avaliar o apuro técnico ou a capacidade das crianças em desenharem o abstrato ou o concreto a partir dos materiais que foram ofertados. Não estivemos a avaliar se estava bonito ou feio, se conseguiu desenhar o que pensou ou não. Importava a nós, monitoras, a expressão e, a partir dela, identificar o que, para elas, as crianças, fazia mais sentido na floresta, ou seja, revelar seus "pensamentos visuais" (Staccioli, 2011). Essa proposta permitiu que as crianças expressassem livremente as suas impressões sobre as vivências na floresta e, por outro lado, permitiu-nos aceder a uma quantidade "imprevisível" de leituras possíveis sobre o que as autoras dos desenhos estavam pensando, por exemplo, acampar, andar a cavalo, escalar montanhas e subir em árvores.

A minha indagação sobre essa manifestação de Jorge tem a ver com a razão pela qual ele me representou naquela brincadeira. Afinal, estávamos entre quatro monitoras do projeto e mais duas educadoras da escola a brincar naquele dia e todas brincamos juntas. Então, por que não representou as outras adultas também? Eu estava ali, dentro daquela moldura, numa leitura metafórica e poética, como se tivesse adquirido o meu passaporte de entrada para o mundo social das crianças. Eu estava lá dentro daquele espaço, dentro daquele tempo, dentro daquele quadro, dentro de uma fissura do espaço-tempo de um agora que era lá o primeiro dia de sessão, de um lugar que é de relação, não apenas físico, mas simbólico. A complexidade desse detalhe poderia passar despercebido se eu não estivesse numa postura investigativa com objetivos acadêmicos. Jorge e Zé poderiam ter escolhido infinitas imagens para desenhar com os materiais da floresta, mas fizeram o que fizeram. Adentrar-me no mundo social das crianças e assumir um papel menos adulto, operando física e metaforicamente, envolveu observar, absorver, escutar, refletir e, também, relacionar-me com crianças no diálogo, de modo apropriado aos acontecimentos que ocorriam naturalmente produzindo compreensões do investigador durante o processo de trabalho de campo (Mayall, 2005).

Zé desenhou um episódio da última sessão, e Jorge, da primeira. Quer tenha sido no tempo passado há muito ou passado há pouco, aquilo que sentiram ainda estava passando, estava latente eivando a efemeridade do evento. Vemos que Vasco evoca a imagem exposta no desenho do Zé ao achar que no desenho de Jorge estávamos brincando com o barro, mas somos surpreendidos com o registro de uma outra brincadeira, o que nos permite uma leitura alargada ao evocar aquilo que fizemos na floresta, ainda na primeira sessão. Como afirma Staccioli (2011, p. 23), "olhar desenhos de crianças, aproximar-se de seus pensamentos visíveis é também entrar na 'consciência representativa da realidade'". A representação de Jorge permite-nos ler também que o que ele mais gostou foi de começar com as sessões na floresta, foi começar a participar no projeto, como quem afirma "gosto desde lá até aqui", aquele "imenso-mínimo espaço-tempo" referido anteriormente e, ainda, finaliza o seu depoimento a dizer algo como "e eu quero continuar a brincar para além do aqui", numa projeção futura de continuar a divertir-se, a brincar. O tempo passado, o tempo passando[85]. Por fim, recorro a uma frase de Almada Negreiros que li em meus caminhos e percursos, na estação de metrô Saldanha, em Lisboa: "até hoje fui sempre futuro".

Outro ponto dessa sequência de "pinturas de chão" que me ressaltou a percepção relativa aos afetos foi a demonstração de acolhimento e segurança dentro do contexto do projeto apresentado pelo Francisco. Esse menino apresentou o seu trabalho com um comentário muito significativo, de forma que encontramos algumas evidências da potencialidade da natureza nas práticas educativas. Tendo como base os afetos, ele afirmou: "não há ninguém que me faz mal na floresta". O interessante, também, foi que Francisco fez uma moldura enorme em relação aos outros trabalhos e, na hora de apresentar para a turma, ficou sentado dentro da moldura, como se estivesse em seu porto seguro. Eu diverti-me com aquele fato e comentei com uma metáfora "ele é parte do quadro, é um elemento da natureza no seu trabalho"; então, o seu irmão Duarte, superativo e perspicaz, comentou: "podes ficar o que tu és". Sobre a imagem que produziu, Francisco destacou a segurança e o acolhimento que sentiu na floresta:

> Francisco: Isto aqui é aquela estátua que dá para sentar e isto aqui é... pronto... a estátua da águia, que está com as asas abertas. (*apontando para uma folha vermelha*) Este aqui sou eu ao pé da ponte. Isto aqui é... pronto é uma abelha que gosta muito de brincar e não pica ninguém porque é boazinha.
>
> Vasco: É verdade ela não picou ninguém.
>
> Francisco: Isto aqui é a ponte e isto aqui é o rio. É o rio que está cá embaixo só que não consegui pôr.
>
> Joana (monitora): E Francisco, que é que tu gostas de fazer aqui, que é que tu sentes?
>
> Francisco: É... eu sinto que... gosto muito da floresta porque não há ninguém... não há nenhum... não há ninguém que me faz mal na floresta.
>
> Joana (monitora): Sentes-te seguro na floresta ou protegido? (*ele acena que "sim" com a cabeça*) E um desejo para a nossa escola na floresta?
>
> Francisco: Um desejo para a nossa escola na floresta... eu desejo que podíamos passar um fim de semana lá a dormir e a comer, de sábado para segunda.
>
> Joana (monitora): Comer na floresta.... Uau!!!
>
> Rafa: Já temos datas...!! (Transcrição do vídeo gravado no dia 13 de novembro de 2018).

A ideia de sentir-se seguro na floresta é uma informação bastante importante nesse comentário. Revela-nos um pouco do contexto familiar, do cotidiano dentro da escola e, também, da profundidade do aproveitamento das crianças quando estão na floresta. Por meio da imagem e da ação de Francisco, podemos perceber o conteúdo intersubjetivo intrínseco nesse arranjo. Quando afirma que "não há ninguém que me faz mal na floreta", ele quererá dizer, supostamente, que haverá alguém que lhe faz mal fora da floresta? Ele falou da abelha boazinha, que ninguém lhe faz mal na floresta e afirma sentir-se seguro e protegido lá. O seu desenho pode ser lido também como um limite, um muro, uma barreira protetora em que ele se coloca dentro, pois deverá haver uma necessidade oculta evocando por ser revelada, seja por meios expressivos, estéticos, subjetivos ou verbais, o que for.

Foto 19 – Francisco de dentro de seu desenho a manifestar seu sentimento de proteção e acolhimento quando está na floresta

Fonte: o autor

Ele poderia "ficar aquilo que ele era", como afirmou o seu irmão e, dessa forma, manter-se protegido. Vemos aí refletidas suas intenções e percebemos que "os desenhos das crianças são o espelho de seus pensamentos. E os pensamentos remetem, em parte, para as sugestões que as crianças recebem" (Staccioli, 2011, p. 32). De certa forma, ele diz (sem falar) que o que mais gosta é de estar na quintinha e, no seu espaço imenso-mínimo, erige seu porto seguro e de lá expressa-se de dentro da própria expressão. Ele estava duas vezes em seu desenho, uma representada pela folha vermelha ao pé da ponte e outra com seu corpo e presença inserido na moldura. Portanto, o seu modo íntimo de revelar a ressonância da sua brincadeira foi integrar-se à imagem na sua extroversão de metalinguagem (Piorski, 2016).

As formas de manifestar os afetos dentro desse contexto de Floresta~Escola surgiram de maneiras muito distintas. Os desenhos que as crianças fizeram nessa proposta da "pintura de chão", de modo geral, representaram lugares, objetos e animais. Na maioria dos trabalhos, as crianças apresentaram uma planta baixa da quintinha ou recortes de lugares como a minipraia, o bosque, o pomar e o curral dos animais, que, numa leitura direta, representavam o "onde" fizeram o que diziam oralmente, o que viram e o que tocaram, coisas tangíveis e concretas. Os desenhos que destaquei aqui apresentaram uma outra camada de leitura, foram aqueles que transbordaram os sentidos fisiológicos para os sentimentos e afetos. Os desenhos de Zé, Jorge e Francisco falaram (ou podem ser lidos), por meio das metáforas visuais, de ações, de brincadeiras, de relações, de confiança, conforto e segurança. De todos os 40 desenhos que vi e registrei, apenas em três apareceram figuras antropomórficas, e em dois deles as crianças representaram um dos monitores do projeto (Zé e Jorge) e, num outro (não constando aqui), apareceu o senhor António, funcionário da quintinha, representado por uma bolota, no meio dos currais a cuidar dos animais e da floresta. Os meninos, Zé e Jorge, revelaram a todos nós ali, naquele instante, por meio daquela imagem, que gostavam de brincar comigo. Até aquele momento, esse afeto ainda não havia sido explicitado. E Francisco expôs no seu desenho, de modo inusitado, o quanto estar na quintinha o afetava de modo positivo, alegre e seguro. Essas evidências foram importantes para perceber, que nas práticas educativas na/para/com/pela Natureza, a capacidade, tanto de adultos quanto das crianças, de afetar e de ser afetado é basilar. Floresta~Escola é afeto.

4.2 O que é que a Natureza te ensina? O que é que tu aprendes com ela?

As entrevistas com as crianças não foram tão estruturadas, como foram as dos adultos. Percebi que a Natureza é estimulante demais para contê-las a responder questões por mais de um minuto e meio. Observei que, se eu quisesse entrevistá-las no contexto da pesquisa, não teria chance de lhes "roubar" muito tempo da brincadeira ou das experiências diretas fazendo-lhes perguntas muito elaboradas. A *posteriori*, num exercício de reflexividade metodológica para esta análise, ficou claro para mim que, em alguns episódios, eu queria investigar e buscar diálogos em momentos nos quais talvez fosse melhor observar e absorver o que as crianças faziam, viviam e como brincavam.

Nesse sentido, elaborei duas questões-chave que foram destacadas como síntese para este trabalho: "o que é que aprendeste com a Natureza?" e "o que é que a Natureza te ensinou?"[86]. A princípio, essas duas questões podem parecer redundantes, mas como demonstrado a seguir, essa não é uma premissa verdadeira. Essas duas perguntas expõem algumas pistas da relação direta entre ensino-aprendizagem, considerando que o sujeito educador, neste caso a Natureza, pode ter nos ensinado coisas como também podemos ter aprendido algo com ela sem que ela não nos tenha ensinado nada diretamente. Em alguns momentos, a criança afirmava não saber responder a uma pergunta, mas quando lançada uma outra, ela respondia prontamente, como nas respostas de Kora e Duarte a seguir. Isso também se passou com os adultos. Para mim, esse fato configurou que essas questões reservavam uma distância semântica considerável.

Mayall (2005) ressalta-nos a importância da abordagem da investigação com crianças "fora do tubo de ensaio", no ambiente natural. Aqui, nesta pesquisa, os diálogos com as crianças deram-se exclusivamente no contexto do projeto da EF Bloom. Com as crianças, não se pode dizer que houve um momento de "entrevista" formal, mas sim diálogos. A conversa cotidiana no lugar e no tempo de ser da criança permitiu tocar em respostas mais espontâneas, de forma a não parecer que as perguntas, quando feitas, caracterizassem uma avaliação ou uma aferição de conhecimentos. Muitas vezes feitas em pares ou trios, de forma a dar a elas mais confiança, o diálogo punha de lado a ordem geracional e elas "saíam do modo de resposta adulto - questão - criança" e conversavam uma com a outra (Mayall, 2005, p. 130). Algumas conversas foram gravadas de forma explícita, com o aparelho celular à vista, principalmente nos momentos de reflexão após os exercícios e atividades propostos na floresta antes da conduta real do estudo. Mas também foram feitas gravações discretas, tendo o celular à mão, porém sem uma postura de apontar a lente explicitamente para o rosto das crianças, misturando-me com elas, conforme orientam Woodhead e Faulkner (2005), de modo a captar a espontaneidade da expressão da criança. Uma parte considerável das respostas que recebi tinha em comum a característica de serem respostas protocolares, como "gostei", "não gostei", "aprendi a respeitar a natureza", "natureza é vida" etc. Esse aspecto, analisado posteriormente à realização dos diálogos, revelou os desafios da reflexividade metodológica na pesquisa com crianças. Avaliei que a situação em que as perguntas foram feitas (em alguns casos, em meio de uma brincadeira ou no fim da sessão, caminhando pela trilha de retorno) também pode ter influenciado as respostas das crianças. Busquei minimizar esse aspecto de duas formas: 1) escolhendo para esse item as respostas e as situações que menos se caracterizavam como "protocolares"; e 2) ao longo de outras análises propostas no trabalho, lancei mão de situações oriundas das observações e situações de diálogos espontâneos com as crianças.

Os diálogos apresentados aqui ocorreram, basicamente, em dois contextos: durante a sessão ou após a sessão no caminho para o ônibus. Os diálogos com Kora, (7 anos), Leonor, Rodrigo, Diniz e Duarte (todos com 9 anos) deram-se após as sessões, no caminho de regresso ao ônibus; com Andrei, a dupla Luísa e Leonor, os trios formados por Gonçalo (9 anos), Miguel e Luís (ambos com 8 anos) e por Jorge (10 anos), Martim e Duarte (ambos com 9 anos), deram-se ainda durante as sessões.

Em seguida, elenco alguns eventos acompanhados de reflexões a respeito das respostas levantadas.

4.2.1 O que é que a Natureza ensina e o que é que as crianças aprendem?

Na trilha de volta ao ônibus, Kora (7 anos) e eu falávamos sobre o que ela sentiu e aprendeu na sessão. Num dia chuvoso, enquanto estávamos sob a "tartaruga"[87] e rodeados por uma paisagem esbranquiçada e fria, aproveitei para registar a nossa conversa:

> Rafael: Posso te fazer uma pergunta? O que achas que aprendes com a Natureza?
> Kora: Aprender... ham... não sei muito bem.
> Rafael: O que achas que a natureza te ensina?
> Kora: Ensina a cuidar bem das coisas.
> Rafael: Tipo?

> Kora: Da Natureza, das coisas todas, todos os tipos de coisas.
>
> Rafael: Tipo nós um do outro? A cuidar das pessoas?
>
> Kora: Sim.
>
> Rafael: E o que achas que ainda vais aprender com a Natureza?
>
> Kora: Muitas coisas, mil de coisas...
>
> Rafael: Por exemplo, o que aprendeste hoje?
>
> Kora: Hoje aprendi que tenho que cuidar muito bem da Natureza, muito bem.
>
> Rafael: Como é que se cuida da Natureza?
>
> Kora: Não comer carne, não matar as coisas e não tirar lixo às coisas.
>
> Rafael: Boa! O que é que sentes quando estás na natureza?
>
> Kora: Eu sinto felicidade.
>
> Rafael: E como é essa felicidade?
>
> Kora: Ham... não sei muito bem. Mas é uma felicidade muito boa! (*correndo em saltinhos, com os braços abertos*) (Transcrição do vídeo gravado no dia 27 de novembro de 2018).

Primeiramente, aqui é importante destacar que, para Kora, ser vegetariana é uma forma de cuidar bem da natureza e, podemos sugerir, que essa seja uma opção alimentar da sua família e ela partilha de tal opção, expondo parte de seu universo social ao responder à pergunta. Outro ponto interessante é o fato de ela responder que sentia uma "felicidade muito boa" em meio a gritinhos, correndo em saltinhos, com os braços abertos e a afastar-se de mim. Nesse sentido, a menina "brinca" de experimentar aquele espaço e "brinca" de ser feliz. Kora chegou nesse dia à quintinha a sentir-se muito mal e quase não queria participar da sessão, manifestava desconforto na barriga e leve dor na cabeça. No final, depois de passarmos por alguns desafios com a chuva, parecia que os seus sintomas tinham desaparecido e a menina estava feliz e estimulada a cuidar das coisas, tal qual as coisas cuidaram dela.

Noutra sessão, Leonor (9 anos) também ressaltou o bem-estar e o respeito pela vida e pela natureza, além das potencialidades do desenvolvimento físico e motor do corpo em subir e descer as coisas. A menina afirmou que, com a Natureza, aprendeu a respeitar, a valorizar a vida e a viver. Novamente, essas respostas foram dadas num contexto destacado. Leonor estava a olhar a paisagem pensativa. Assim, as respostas foram dadas cuidadosamente, com a fala lenta e cautelosa:

> Rafael: Leonor, diz-me o que é que você aprende com a Natureza?
>
> Leonor: Aprendo a viver.
>
> Rafael: E que mais?
>
> Leonor: A respeitar. A valorizar a vida. [...] A respeitar as coisas da natureza, os colegas, tudo.
>
> Rafael: O que é que a Natureza te ensina? [...]
>
> Leonor: Ensina tudo.
>
> Rafael: E o que mais gostas na Escola da Floresta?
>
> Leonor: Gosto muito da minipraia, gosto muito de descer pelas coisas e subi-las.
>
> Rafael: Por quê?
>
> Leonor: Porque gosto muito... é divertido descer e... faz-me sentir muito bem. Faz-me sentir melhor (Transcrição do vídeo gravado no dia 4 de dezembro de 2018).

Noutra sessão, com outro grupo, Lúcia[88] e Leonor (ambas com 8 anos) estavam inseparáveis e, num momento em que estavam a desbravar caminhos para mais longe do que os meus olhos podiam alcançar, detive-as para fazer-lhes algumas perguntas:

> Rafael: Olhem, meninas! Posso fazer-vos uma pergunta? O que é que vocês acham que a Natureza vos ensina?
>
> Leonor: Eu gosto de explorar.
>
> Lúcia: E que não devemos matar os bichos, porque é Natureza.
>
> Rafael: E o que você aprende com a Natureza?
>
> Leonor: Aprendo a respeitar a natureza?
>
> Lúcia: Sim. E a não matar bichos, a não tirar coisas das árvores, a não arrancar coisas... (Transcrição do vídeo gravado no dia 29 de novembro de 2018).

As respostas de Leonor foram dadas com uma leve ansiedade, pois senti que sua a intenção era de chegar primeiro a um lugar onde os meninos ainda não haviam alcançado. Ela respondeu aquilo que gostava e que estava fazendo, no gerúndio, a propósito: "explorar", mas não afirmou que foi a Natureza que a ensinou a explorar. Ao reler a sua resposta para a elaboração deste trabalho, percebi que a menina estava a dizer-me o que ela queria ter continuado a fazer antes de eu a ter interrompido. A sua segunda resposta é, entretanto, uma pergunta, como se ela quisesse perguntar-me se estava a responder de forma correta ao "inquérito", para poder seguir o seu caminho. Lúcia tomou logo a palavra, confirmando a pergunta da colega e acelerando a responder uma lista de coisas, pois, no fundo, queria despachar-se rapidamente. As perguntas de um adulto para uma criança nem sempre são sentidas como uma simples conversa, e essa é uma grande dificuldade para buscar a espontaneidade do pensamento da criança numa pesquisa em campo. No momento em que os meninos Gonçalo (9 anos), Miguel (8 anos) e Luís[89] (8 anos) passaram por nós, interromperam a conversa que eu estava tendo com Lúcia e Leonor, e percebi também que interrompi uma brincadeira. Cortei, sem querer, o pioneirismo das meninas em explorar aquele caminho novo — e, assim, segurei os meninos para "entrevistá-los", de modo a que elas tivessem tempo para avançar.

> Rafael: Eu vou fazer umas perguntas a vocês, posso? Está gravando. Então vá! O que é que vocês acham que a natureza vos ensina?
>
> Miguel: A concentrar.
>
> Gonçalo: Ensina-nos a termos mais paciência.
>
> Miguel: Capacidade. A acalmarmo-nos.
>
> Gonçalo: E assim, se nós formos (sic) todos os dias aqui, vamos ter mais amor pela floresta.
>
> Rafael: Achas?
>
> Gonçalo: Sim.
>
> Rafael: O que é que vocês aprendem com a Natureza?
>
> Gonçalo: Que não se deve pisar cogumelos...
>
> Luís: Paz com ela.
>
> Miguel: Vida.

> Gonçalo: Nós agora estamos à busca de uma casa. Estamos à procura de uma casa…
>
> (*As meninas gritam ao longe… interrompemos a entrevista e fomos lá ter*) (Transcrição do vídeo gravado no dia 29 de novembro de 2018).

Após alguns segundos de entrevista com os meninos, as meninas gritaram muito alto. Ao longe, pensei que pudesse ser algo grave, então interrompi a conversa e corri para ver o que era. Chegando lá, elas afirmaram ter encontrado justamente aquilo que os meninos buscavam, "o acampamento do caçador", que nada mais era do que um rincão perfeito para erigir um abrigo imaginário. Para esses meninos, a Natureza ensinou-lhes a concentrarem-se, a terem mais paciência, a acalmarem-se, ainda que estivessem ansiosos para desbravar. Gonçalo trouxe a reflexão daquilo que já percebia como objetivo das nossas sessões — ao longo do tempo, em visitas contínuas e frequentes, as crianças, mais cedo ou mais tarde, iriam despertar em si "mais amor pela floresta".

Numa sessão na qual brincávamos de esconde-esconde pela floresta, enquanto eu me escondia junto a um pequeno grupo no meio de tojos e rochas, conversávamos baixinho acerca do que as crianças sentiam quando estávamos ali. Ouvi coisas muito interessantes, mas eu não estivera a gravar. Depois, já quase no fim da sessão, enquanto esperávamos um grupo terminar uma tarefa, juntei-me ao "ócio" de Jorge (10 anos), Martim (9 anos) e Duarte (9 anos), que estavam em clima de descontração. Algum deles começou uma brincadeira de programa de televisão, como se fossem repórteres (já tínhamos feito essa brincadeira nas primeiras semanas), utilizando os paus que apontaram como microfone. Aproveitei esse momento para brincar (a sério) de entrevistá-los para o "programa do Francisco". Francisco juntou-se a nós para fazer o papel do operador de câmera e diretor de reportagem e pôs-se a filmar com o meu celular. As respostas que ouvimos, construídas na experiência do "faz de conta" dos personagens de um programa de televisão de brincadeira, revelaram distintas potencialidades:

> Rafael: Atenção! Estamos aqui no programa de TV do Francisco e a pergunta é o que é que a Natureza vos ensina?
>
> Jorge: A sermos fixes…

Duarte: A sermos ricos!

Jorge. ... sermos nós. Sermos nós próprios.

Martim: Brincadeiras mais fixes.

Duarte: E é muito fixe dormirmos aqui na natureza (*assumindo a postura de quem iria fazer uma sesta encostado na rocha*).

Jorge: Yah! Deve ser bem fixe.

Rafael: Ham. E o que é que vocês aprendem com a Natureza?

Jorge: Muita coisa, nem sei explicar.

(*falando juntos*)

Martim: A brincarmos ao ar livre.

Duarte: E que nós não devemos comer nada. Não podemos estar... bem... a arrancar coisas...

Rafael: E porquê?

Duarte: Porque não se pode fazer mal à nossa saúde.

Rafael: E o Martim falou "brincadeiras mais fixes", porquê?

Martim: Porque é a brincadeira ao ar livre.

Duarte: Não precisas de telefone...

Martim: Não precisa de, por exemplo...

Jorge: (*interrompendo*) A Natureza dá-nos tudo o que nós precisamos.

Martim: Dá-nos tudo! [...] A gente sente-se mais seguros com ela.

Jorge: Divertimo-nos. [...]

Rafael: A natureza ensina mesmo alguma coisa a vocês? Vocês acham que ela tem a capacidade de nos ensinar, ou não?

Jorge. Não... nós é que ensinamos...

Rafael: Nós é que ensinamos?!

Jorge: Não... nós é que aprendemos...

Rafael: Então ela não ensina, nós é que aprendemos?

Jorge: Tudo... quase tudo o que é para saber da Natureza... nós não sabemos tudo, tudo, tudo... ninguém sabe tudo sobre a Natureza.

> Rafael: E alguém quer saber tudo sobre a Natureza? Tu queres saber tudo sobre a Natureza?
>
> Martim: Yah! Claro, claro. [...]
>
> Francisco: Ok, está quase a acabar a entrevista.
>
> Rafael: Ok, está quase a acabar a entrevista. Já foi chamado o anúncio, então no próximo capítulo vamos ter a entrevista com os outros alunos da Escola Básica da Várzea de Sintra (Transcrição do vídeo gravado no dia 4 de dezembro de 2018).

A resposta direta à pergunta "O que é que a Natureza vos ensina?" mostra-nos a primeira coisa que os três rapazes tinham em mente: a serem fixes, ricos e a serem eles próprios. A noção de acolhimento e segurança surgiu nesse depoimento; as crianças percebiam que, ainda que pudessem correr algum risco, elas estavam em segurança ali naquele contexto. Vemos também a confusão de Jorge ao afirmar que somos nós que ensinamos algo à Natureza, considerando, por um momento, que ela teria a capacidade de aprender. Porém, no momento seguinte, ele percebe a incongruência e assume a impossibilidade de saber plenamente tudo sobre a Natureza. Essas reflexões despertaram nesses meninos, no decorrer das sessões seguintes, muitas curiosidades sobre o funcionamento orgânico que aquele ecossistema opera, por exemplo, para que servem as agulhas dos pinheiros? Como são feitas? Como a pinha guarda uma semente? Por que nascem cogumelos dentro das pinhas? Por que não podemos comer muitos medronhos etc. Jorge disse-nos que "a Natureza dá-nos tudo o que nós precisamos", ou seja, aquilo que posteriormente refletimos juntos serem os cinco "As" das necessidades humanas: alimento, abrigo, afeto, alegria e amor.

Martim comentou ainda que a Natureza lhe ensinou brincadeiras mais "fixes", que não precisam de celular. Percebi que estavam a buscar a ideia de conexão em detrimento à de conectividade. Conectar-se consigo, com o ambiente e com o outro em vez de estar à frente de uma tela a jogar jogos em conectividade com a internet. Esse ponto de vista apareceu noutra conversa no mesmo dia com Rodrigo e Diniz (ambos com 10 anos), do mesmo grupo. Perguntei à dupla o que eles tinham aprendido com a Natureza naquela tarde. Ao que se segue o diálogo:

Rodrigo: Tudo! (ri-se) "Tou" a gozar... é...

Diniz: Aprendemos que estar ao ar livre é uma boa coisa.

Rodrigo: É melhor do que estar sempre a jogar, jogar e jogar (*faz um gesto como se manejasse um* joystick *de videojogos*).

Rafael: Ah, é?

Rodrigo: Sim!

Rafael: E o que é que a Natureza vos ensina?

Rodrigo: Ensina-nos a... (*um momento de dúvidas*) Ensina-nos a viver melhor! De uma maneira melhor (Transcrição do vídeo gravado no dia 4 de dezembro de 2018).

A percepção comparativa entre natureza e jogos eletrônicos partiu de Rodrigo. Diniz aprendeu, estando ao ar livre, que estar ao ar livre é uma coisa boa. E aquilo que a Natureza lhes ensinou foi a viver melhor, "de uma maneira melhor", ou seja, a construção de um estilo de vida mais conectado com a natureza representa essa "maneira melhor". Portanto, seguindo Tiriba (2018), reconfigurar os caminhos do conhecer, por meio da experiência direta, por exemplo, teve como consequência a reconexão com a natureza.

Dois dias depois desses depoimentos, Andrei (8 anos) observou uma árvore que tinha perdido as suas folhas. O desenho que os galhos secos faziam em contraste com o céu nublado e cinzento produzia um efeito interessante, e o menino comparou a árvore com o orvalho e a teia de aranha que havíamos visto minutos antes. Então, começamos a falar sobre os padrões de formas que se repetem na natureza. Andrei veio ver na tela do celular o que eu estava gravando, depois dá alguns passos, regressa e conclui: "mas parece uma teia de aranha que já está molhada, como nós vimos ali". O menino faz associações e busca relações entre os tamanhos, as formas, as cores e os elementos. Foi nesse momento que lhe perguntei:

Rafael: O que mais gostas na Escola da Floresta?

Andrei: Aqui, na floresta.

Rafael: Gostas da floresta?

Andrei: Sim.

Rafael: E o que é que aprendes com a Natureza?

> Andrei: Que devemos respeitá-la e que devemos ter a noção de que não podemos matar a natureza, que aqui embaixo dos nossos pés também há vida.
>
> Rafael: O que é que ela te ensina mais?
>
> Andrei: Que é bom vir à floresta, que tem um ar puro e bom (Transcrição do vídeo gravado no dia 6 de dezembro de 2018).

Na percepção de Andrei, o solo é vivo, a natureza não é só o que vemos acima da terra, árvores, folhas e ervas. Apesar de ressaltar o ar puro e bom que há na floresta, Andrei gostava muito de brincar com o barro e a terra molhada, além de coletar rochas e observar os cogumelos. O contato com os elementos e com as texturas, como exposto no segundo capítulo, é potencializador dos sentidos, e o fato de estar ali, na floresta, entre esses elementos, era o que o menino mais gostava.

Dentre os depoimentos das crianças, o comentário de Duarte foi-me bastante sensível, por uma questão pessoal. Quando voltávamos para o ônibus, já no fim da sessão, Duarte, além de afirmar que aprendeu com a Natureza a estar mais concentrado e que a Natureza o teria ensinado a divertir-se, definiu em poucas palavras que a Natureza era, para ele, como uma família. Desse modo, concluí que ele se sentia muito confortável, acolhido e amado dentro do contexto daquela turma, naquela floresta, com aquela escola.

> Rafael: E hoje o que é que aprendeste com a Natureza?
>
> Duarte: E é como se fosse uma família para nós.
>
> Rafael: Por quê?
>
> Duarte: Por estarmos todos juntos, é como se fosse uma família.
>
> Rafael: E o que é uma família?
>
> Duarte: É alguém que nos ame.

Após essa resposta, ficamos os dois em silêncio, descendo até chegar à casinha. Eu, particularmente, repeti essa última frase de Duarte por muitos dias e guardei-a no coração, de modo que, para mim, hoje, com minha a filha já nascida, esta é a principal definição de família. Tomei-a de um grande "mestre" de 9 anos de idade. Família é alguém que nos ame.

Das respostas das crianças às perguntas-síntese para esta pesquisa, podemos extrair diferentes interpretações e leituras. Sabemos que são aberturas para percebermos além do poder semântico das palavras, mas adicionado a isso, deve-se ao fato de estarmos num ambiente em que as respostas ou as impressões nos dão uma atmosfera e um arranjo idílico e feérico. As crianças disseram que aprenderam a "viver melhor", "a respeitar a natureza", definiram a família como sendo "alguém que nos ame". Elas também expressaram que perceberam "que há vida debaixo de nossos pés", sob a terra. Essas noções são construídas a partir da vivência, da experiência e da relação direta com a Natureza e com os seres não humanos. Foi deveras surpreendente quando comecei a ouvir as respostas. Por vezes, como no caso da Kora, perguntei-lhe o que ela aprendia com a Natureza e a resposta foi "não sei muito bem". Imediatamente a seguir, perguntei-lhe então o que a Natureza lhe ensinava, e para isso a menina tinha uma resposta direta e afirmativa: "ensina-me a cuidar bem das coisas". Por outro lado, as crianças revelaram em suas práticas e nos momentos de "resistências" às perguntas adultocentradas que a natureza é o lugar do brincar, da experimentação, do jogo e da imaginação, mas também é quem ensina-lhes que família é alguém que nos ame, que estar ao ar livre é bom, que podemos ser nós mesmos.

Essas potencialidades também transbordaram, de certa forma, nos depoimentos dos adultos que serão tratados no item seguinte.

4.2.2 O que é que a Natureza ensina e o que é que os adultos aprendem?

Aqui, pretendo trazer uma reflexão em torno do conjunto de respostas que recebi à pergunta-síntese "o que é que a Natureza te ensina e o que é que tu aprendes com a Natureza?" direcionada às adultas. Essa questão foi inserida em entrevistas semiestruturadas realizadas no contexto do projeto e compõe um arranjo junto às respostas trazidas pelas crianças a respeito da potencialidade das práticas educativas na/para/com e pela Natureza.

Há alguns anos que a equipe de educadores da EB da Várzea de Sintra vem realizando continuamente a transição do modelo de formação cartesiano para um modelo mais sistêmico. Segundo Pacheco (2018, p. 170), esse cartesianismo "impede um *re-ligare* essencial" para um modelo holístico, integral, que contempla a multidimensionalidade do ser humano em várias dimensões que não apenas a cognitiva, "mas também a afetiva, a emocional, a ética, a sociomoral, a físico-motora, a espiritual, entre outras" (p. 172). A respeito da formação de educadores, Pacheco (2018, p. 214) afirma sinteticamente:

> Sabemos que um formador não ensina aquilo que diz, mas transmite aquilo que é, veicula competências de que está investido. Mas, ainda há quem ignore a existência do princípio do isomorfismo na formação, quem creia que a teoria precede a prática, quem considere o formando como objeto de formação, quando deveria ser tomado como sujeito em autotransformação, no contexto de uma equipe, com um projeto. Prevalecem práticas carentes de comunicação dialógica, culturas de formação individualistas, de competitividade negativa, de que está ausente o trabalho em equipe.

Essa reelaboração da cultura profissional e pessoal dos educadores demanda uma reflexão baseada em três princípios: 1) a teoria raramente antecede a prática, por uma coerência praxeológica; 2) o isomorfismo, isto é, o modo como o professor aprende, é o modo como o professor ensina; e 3) a transição do professor-objeto de formação para o de professor-sujeito de autoformação no contexto de uma equipe e na referência a um projeto (Pacheco, 2018). Essas bases para a construção de novas práticas educativas não são novas no sistema educativo português[90], apesar de serem complexas e de terem sido implementadas de modo gradual. Na EB1 da Várzea de Sintra, quando eu escrevia esse trabalho, em 2018, já havia corrido cerca de 13 anos de processo de mudança. Sobremodo, faz-me crer que o projeto da Escola da Floresta Bloom teve adesão junto à comunidade de aprendizagem da EB1 da Várzea de Sintra em função dos valores de ambos os projetos estarem alinhados. Sobretudo ao que se refere à prática metodológica, tendo a curiosidade da criança no centro das abordagens, mas também na percepção do educador como sujeito da sua autoformação. Esse fato fica evidenciado no depoimento da coordenadora e professora Anabela, quando perguntada a respeito da percepção das educadoras da escola e qual o retorno que ela, como coordenadora da escola, recebeu da equipe em relação ao projeto:

Anabela: Eu acho que tem sido sempre bom. Todos os feedbacks que eu tenho ouvido são muito bons. São muito bons. Os colegas estão a gostar muito, sentem mesmo que os miúdos também estão a gostar, estão a aprender imenso. E eu acho também que permite a partilha entre nós. Porque vocês fazem atividades diferentes, um grupo faz uma coisa, outro grupo outra. E acabamos por nos juntar e (dizer) "o que vocês fizeram hoje?", "ah, fizemos não sei o quê…", "ah, mas isso é tão legal!"… (risos) Quer dizer, parecemos crianças a tentar (perceber): "Olha o que vocês fizeram!… ah mas tão legal…!". E depois vemos as fotografias: "ah fizeram isso! Tão engraçado! Se calhar, para próxima vamos fazer…".

Rafael: Ou seja, há um lugar aí também de aprendizagem… entre os professores. E quem ensina nesse caso?

Anabela: A Natureza. A Natureza, sem dúvida!

Rafael: Que está aí a provocar também a aprendizagem nos adultos…

Anabela: A aprendizagem nos adultos também. E a criar maior ligação entre nós. Eu acho também a ligação que nós temos como professores e os alunos, a ligação também está mais próxima devido a escola da floresta. Nós estamos aqui num ambiente informal, não é um ambiente de sala de aula, e não sei o quê. Que apesar de o nosso projeto não ser muito formal… nós trabalhamos de forma bastante próxima, muito próxima. Mas acho que aqui eles acabam por nos ver, não só como professora mas uma amiga que está ali a partilhar e que eles, às vezes, precisam de ajudar. É tão giro! Porque eu tenho muita dificuldade de subir as rochas, né! Eles (dizem): "não professora, eu ajudo-te". E ajudam mesmo! E passares da parte em que o professor ajuda para ser o aluno a ajudar o professor é muito importante também (Entrevista realizada no dia 4 de dezembro de 2018).

Para Anabela, a Natureza estava ali, num ambiente informal, a provocar aprendizagens entre os adultos, e o modo como essa incomum educadora fazia isso era por meio da criação de ligações maiores entre a equipe de educadoras, e desta com as crianças. Pelo relato da professora, vemos que a prática da ajuda mútua naquela escola não se restringia aos pares. É possível que, dentro da estrutura da escola, já houvera oportunidades para dissolver essa linha hierárquica entre professor/aluno para a percepção da relação educadora/educando, na qual também houvera oportunidades de diluição das vias ensino/aprendizagem antes do projeto. Entretanto, a professora Anabela revela-nos as camadas de trocas entre educadoras e educandos provocadas *pela* Natureza, quando os educandos passam a ajudar as educadoras. Como vimos, anteriormente, no episódio com Rares. Como nos coloca Paulo Freire (2013, p. 68, grifo do autor),

> [...] que toda prática educativa demanda a existência de sujeitos, um que, ensinando, aprende, outro que, aprendendo, ensina, daí o seu cunho gnosiológico; a existência de objetos, conteúdos a serem ensinados e aprendidos; envolve o uso de métodos, de técnicas, de materiais; implica, em função de seu caráter *diretivo*, objetivo, sonhos, utopias, ideais.

Portanto, nesse contexto de Floresta~Escola, percebemos que essa relação de ensino-aprendizagem foi basilar para a construção das perguntas-sínteses. O que é que tu aprendes é diferente do que é que ela, a Natureza, ensinou. Como, de outro modo, ao aprendermos estaremos ensinando a mestra Natureza nossos processos e ciclos, ao que, naturalmente, ela buscará sempre seu princípio sistêmico.

Nas escolas tradicionais, mantém-se o hábito de perceber as atividades ao ar livre como recreio, momento precioso para as educadoras tomarem um café e descansarem do estresse de guiarem grandes grupos durante o dia. Essa é uma forma de valorizar apenas o trabalho como sendo algo produtivo, sendo o lazer e a distensão o lugar do vazio, do não fazer "nada". Para Tiriba (2018, p. 107), essa é uma perspectiva que continua

> [...] reproduzindo a lógica da fábrica na escola, o tempo ao ar livre não tem importância porque não é o tempo do trabalho produtivo. Não está sob o foco da pedagogia porque não é lócus de aprendizagem escolar. Do ponto de vista da pedagogia, o espaço externo é o lugar do nada.

Portanto, na EF Bloom, onde o estar fora é predominante, o espaço externo deixa de ser o lugar do nada e passa a ser um lugar no qual as educadoras transmitem aquilo que elas próprias são às crianças.

Tive a oportunidade de fazer uma pergunta às monitoras do projeto, Joana Barroso, Margarida Pedrosa e Filipa Meireles, relacionada à aprendizagem delas enquanto educandas/educadoras em autoformação. As respostas deram um contributo para a construção desse entendimento. À Joana, questionei-a se considerava que havia, no contexto do projeto, a aprendizagem também por parte dos adultos.

> Claro, obviamente! Então, ensinar não é um processo unidirecional, não é!? É bi. É um dar e receber. Para mim, educação é dar e receber, dar e receber, dar e receber. É totalmente a troca e haja para mim habilidade, quer de uma parte, quer da outra. Do adulto ou da criança. [...] Para aprender, para dar e receber (Entrevista realizada no dia 6 de dezembro de 2018).

Percebemos que essa é uma visão bastante alinhada com a de Freire (2013), este dar e receber como o pressuposto do ensino/aprendizagem. À Filipa, a pergunta girou em torno do como ela sente os processos de aprendizagem do adulto com a Natureza e o que é que ela considera ter aprendido ali no contexto do projeto que ela não sabia, ou não dominava antes.

> Filipa: Que não sabíamos... a parte do que não sabíamos pode ser mais difícil de avaliar. Eu acho que toda a parte da resiliência que está a ser... das competências... para mim, a mais flagrante. Toda. Quer a nossa na gestão das expectativas como monitores, e das situações, e das crianças... é uma surpresa nas próprias situações e até alguns professores, não todos (risos), a resiliência nem em todos se mostra assim tão notória, mas em alguns... Assim... Sei lá... todas as situações mais difíceis ou mais complexas ou com mais dificuldades de controle, de... eu acho que todas essas são as que nos fazem mais meditar, pensar e perceber que realmente foram um processo transformativo.

> Rafael: E tens algum exemplo de algum evento que a resiliência ficou assim "puf", evidente?!
>
> Filipa: (risos) O banho daquele miúdo.[91] [...] Mas toda... toda a resiliência, ou seja, aquela paciência e a tranquilidade no pós banho, no esperar... que houvesse uma oportunidade para o secarmos, recuperar a temperatura, tudo... reagiu muito bem. Reagiu bastante bem. E nós acabamos por reagir bastante bem, não houve ali pânico, tirando... quer dizer, não houve ninguém aos berros, nem estávamos todos a discutir uns com os outros, nem coisa nenhuma, quer dizer a coisa dentro do pânico foi fluída (Entrevista realizada no dia 6 de dezembro de 2018).

Para que tenhamos despertado ou desenvolvido a resiliência nesse episódio constrangedor, foi necessário termos uma comunicação adequada para não despertar nas crianças um sentimento que não queríamos que despontasse. Assim que o menino entrou na água, outras crianças o seguiram. Nós, as monitoras, precisamos também ter uma aguçada capacidade de resolução de problemas e pensamento criativo, pois de repente tínhamos várias roupas para pôr a secar, e a cerca da coelheira, onde dormiam os coelhos, tornou-se um excelente varal improvisado. Estávamos ali, naquela situação, envoltos em muita confiança entre nós, de que cada um estava a reagir do melhor modo que podia. Estas, inclusive, são competências que o projeto visava desenvolver nas crianças, e Filipa destacou que no contexto de floresta, ela conseguiu desenvolver em si mesma tais competências. À Margarida Pedrosa perguntei como sentia a dinâmica do ensino/aprendizagem entre nós, da equipe do projeto no contexto da Natureza:

> Margarida: Está a ser uma aprendizagem contínua e cheia. Muito completa.
>
> Rafael: E o que estás a aprender?
>
> Margarida: Bom, há aqui vários níveis. Há o nível do contato com as crianças e a forma de lidar com elas, não é? Que é sempre uma aprendizagem contínua. E há o contato com os adultos e dentre estes adultos temos, a própria equipe e os adultos professores, sejam professores, sejam assistentes, os adultos da comunidade escolar. Isso é uma

aprendizagem, a forma de comunicar. Comunicar cada vez mais e melhor com todos os interlocutores. A equipe precisa sempre desenvolver essa competência que é a comunicação de uma forma muito, muito.... Temos que aprofundar bastante, porque como nós depois lidamos, estamos na floresta, estamos na ação com os colegas, temos que saber, quase que ler com os olhos o que os outros estão a fazer e como é que podemos...

Rafael: Entre nós, né?!

Margarida: Sim. Entre nós líderes, o que fazer a seguir, como é que vai passar, como é que interagimos da melhor forma para estarmos em sintonia? Que é assim que deve ser. Obter o auge, que é a sintonia. E, portanto, há essa aprendizagem. Com as crianças é muito desafiante. Porque elas apresentam-nos comportamentos que ficamos sem resposta né, temos que respirar um bocadinho para dar uma resposta, a melhor resposta possível que temos dentro de nós, e de uma forma educadora. Pronto, de uma forma educativa. Para que essa resposta seja construtiva e não destrutiva, porque se nós estamos a desfazer, se não tivermos uma resposta construtiva, nós estamos um pouco a desfazer aquilo que a natureza está a fazer, que é construir o ser de cada um de nós. Eu acho que todos nós estamos a aprender, não são só as crianças. Todos nós estamos na floresta para aprender (Entrevista realizada no dia 6 de dezembro de 2018).

Margarida ressalta que desenvolvemos a competência da comunicação de forma que, se estivemos a propor desenvolver essa (e outras) competências nas crianças, então deveríamos primeiro tê-la desenvolvida em nós. A monitora, assim como a professora Anabela e o professor Quaresma, percebem que a Natureza ou a floresta fazem um trabalho de construção do ser de cada um de nós, na nossa individualidade, porém em conexão.

Para o professor da EB1 da Várzea de Sintra, António Quaresma, com a Natureza é possível aprender tudo o que está previsto no currículo nacional português. Numa entrevista, perguntei-lhe como via a relação da Natureza com os processos educativos, ao que respondeu:

> António Quaresma: Vejo, em primeiro lugar, que a natureza está muito afastada da realidade dos processos educativos e que isso era algo que era importante ser alterado, porque há um potencial de aprendizagem na natureza enorme e que precisa de ser resgatado. Nós viemos da natureza, fazemos parte integrante da natureza e se nos afastamos dela é quase como se nos afastamos de nós próprios. Por isso é algo que, as escolas, os espaços educativos deveriam conseguir, como eu dizia há pouco, resgatar. Na natureza, nós podemos aprender tudo. Podemos aprender tudo. Podemos aprender a relação com os outros, a relação com o que nos rodeia, o respeito pelo que nos rodeia. A capacidade de observação por aquilo que nós vemos. Podemos aprender a aprender, a usufruir e a sentir verdadeiramente, a estar nos locais. E podemos aprender tudo aquilo que se pensa que a escola tem de fazer, que são os conteúdos curriculares e essas coisas. Está tudo. Tudo (Entrevista realizada no dia 6 de dezembro de 2018).

Portanto, as diferentes dimensões do ser humano podem ser desenvolvidas num contato mais direto e cotidiano com a Natureza, com as florestas, praias, montanhas, desertos, rios, lagos e ambientes ao ar livre. Um dos pontos principais para que a escola da Várzea lograsse êxito na sua transformação foi o investimento da equipe numa formação prática e profissional combinada com uma formação humana — o resultado foi o binômio "professoras-educadoras" (Pacheco, 2018, p. 222) e a adoção da abordagem de metodologia de trabalho de projetos. Essa metodologia provocou que as educadoras se colocassem permanentemente no lugar de aprendizes, uma vez que o percurso educativo da criança é posto pela curiosidade dela; então, para acompanhar, as educadoras precisam, muitas das vezes, aprender sobre coisas que elas não dominam, ou sequer fazem ideia. Essa porosidade, característica das educadoras daquela escola, permitiu, de certa forma, que elas pudessem perceber também a Natureza como educadora, ou como alguém que nos ensina algo ou que nos provoca a aprender algo com ela.

Frequentemente, a equipe da Escola da Floresta Bloom se reúne, presencialmente ou em videochamadas, para alinhavar questões como essas, avaliar o que estávamos a fazer e, também, para planejar sessões melhores para dali em diante, incrementando a nossa prática formativa. Esse era um momento entre nós de autoformação, como preconiza o professor José Pacheco (2018). Portanto, a prática educativa do educador em autoformação é fortemente potencializada quando crianças e adultos convivem na e com a Natureza em contexto pedagógico e educativo. Tanto as crianças que naturalmente estavam ali para "aprender" quanto os adultos que estariam ali para "ensinar", diante do ambiente restaurador e fascinante da natureza, relataram vivências de aprendizagem e pontos convergentes com os seus processos formativos. Para a coordenadora da EB1 da Várzea, a Natureza ensinou a ver melhor, não necessariamente o sentido da visão, mas o estado de observação, o controle da ansiedade e a percepção do imenso-mínimo.

> Rafael: E uma pergunta que eu tenho feito para todos: o que é que a Anabela aprende com a Natureza?
>
> Anabela: Opa, tanta coisa! Tenho aprendido tanta coisa! Mas, olha, eu acho que tenho aprendido a ver melhor (risos). Porque, na nossa vida de estresse, acabamos por não observar, por não ver como deve ser. Eu acho que tenho adorado ver as plantinhas, ver o cogumelo minúsculo ali no meio... Como ele consegue... várias cores... como ele consegue nascer ali no meio, se calhar, de tantas atrocidades, não é?! E também se nós pensarmos que, se calhar, comparar com a nossa vida. Nós, às vezes só vemos o lado negativo: "Ah! Porque acontece isto... porque acontece aquilo...". Não! Tal como o cogumelo que nasce ali, nós também temos que lutar e...
>
> Rafael: E o que é que a Natureza ensina à Anabela?
>
> Anabela: O que a Natureza me ensina? Ensina a respeitá-la, a aprender com ela. Aprender a relacionar-me com ela, aquela parte do jogo de abraçar a árvore foi muito por aí. Os sentimentos. Eu acho que a Natureza ensina-me a despertar mais os meus sentimentos, porque eu sou muito sensível. Mas, eu acho que acaba por me ajudar a ser mais sensível. A largar o *stress* e sentir essa paz. Portanto, a natureza também me ensina a acalmar, a ter paz (Entrevista realizada no dia 4 de dezembro de 2018).

A Natureza, segundo Anabela, ensinou-a a aprender, mas não só, ensinou-a sobre os seus sentimentos, sobre acalmar-se e sentir paz. A observação de Anabela sobre a resiliência de um cogumelo ao crescer no meio da ausência de luz, ao frio, e a analogia que ela faz com o fato de estarmos sempre a reclamar das coisas podem ser lidas, de certa forma, como a ressonância e reverberação das "imagens da totalidade" às quais se refere Piorski (2016). Essa relação com a Natureza impacta nas práticas educativas das educadoras daquela escola. Para Margarida Pedrosa, a Natureza ensinou-a a ser paciente e despertou-lhe gratidão pela existência:

> Ela ensina-me a ser paciente. A estar grata por existir e por poder usufruir da beleza. E dá-me ligação, dá-me razão de viver. Ligação. Sinto-me conectada e com vontade de ser genuína como ela própria, é como se fosse fazer um bocadinho de espelho. Ela é genuína e, portanto, eu sinto que também posso ser (Entrevista realizada no dia 6 de dezembro de 2018).

Para Mónica Franco, educadora experiente no contexto ao ar livre, o elenco de coisas que aprendeu com a Natureza extrapola as demandas do currículo nacional português.

> Rafael: O que tens aprendido com a Natureza neste projeto? As coisas que podes elencar que tens aprendido.
>
> Mónica: Entregar-me, aceitação, as intempéries, ou construir coisas que vão com a água, e com os ventos... aprender a deixar ir, que é tão difícil né, não agarrar... E nós nas brincadeiras, quando começamos a fazer as primeiras coisas, fazíamos só pelas estações, as celebrações dos equinócios e dos solstícios. Os primeiros passeios que fazíamos com as famílias eram só quatro vezes ao ano, à época dos solstícios e equinócios. Porque queríamos também que se visse, que se aceitasse as diferenças...
>
> Rafael: As transições...
>
> Mónica: As transições... e mais do que explicar "esta árvore depois no inverno, blá, blá, blá..." vais sentir e ver. Mas eu acho que essa... tu dares... tu perceberes que o tempo para, não sei, há um tempo que não tem tempo. Um estar, só. Um

ser ali naquele momento sem... acho eu que é uma das poucas coisas, quando estás concentrada a ler um livro, estás a ler um livro e estás na história, está bem, mas estás a ser entretido... não sei, não sei explicar... Tu estás na natureza, podes estar tanto tempo sem saber do tempo, não é? E tão presente ali sem nada que te distraia, que acho que é um dos poucos sítios onde isso acontece. Acho eu. Há quem faça surf, mas é na natureza, percebes?

Filipa: Claro, claro, claro... nos desportos radicais... mas é sempre na natureza.

Mónica: Podes ter isso num filme, podes ter isso num livro, mas a história não é tua. Tu estás a refletir emoções daquilo e a vibrar com aquilo que estás a ler ou a ver, não é?

Filipa: Sim, mas os relatos são sempre da vivência da tua experiência assim ou assado, pode ter este elemento ou aquele humano, mas a base, a essência enquanto final, é a natureza...

Mónica: A perfeição, a beleza, não é?! (Entrevista realizada no dia 6 de dezembro de 2018).

Posto isto, percebemos mais uma vez a potencialidade de termos a consciência do "espaço-tempo imenso-mínimo", de modo que, na companhia da Natureza, passamos, segundo Mónica, tanto tempo sem saber do tempo. Esse estado contemplativo num ambiente restaurador e criador de distensionamentos cognitivos, como afirma Louv (2014), produz o efeito de concentração não apenas nas partes, mas no todo, na "perfeição" e na "beleza". Mónica afirma que estar "presente ali sem nada que te distraia", ainda que haja uma infinidade de estímulos que ativam os nossos sentidos e clamam pela nossa atenção, faz com que sintamos que estamos concentrados em algo ou, idilicamente, em nós mesmos. Essa ligação que nos provoca a sermos genuínos conosco, com os nossos pares, é uma resposta reflexiva ao efeito de espelhamento, como afirmou Margarida Pedrosa, e liga-se diretamente a um dos 14 sentidos relatados por Clifford (2018) anteriormente. Mónica contou-me ainda que a Natureza nos ensina muitas coisas só pelo fato de estarmos fora. Ao ser questionada, de outro modo, a respeito do que a Natureza lhe ensinou, ela detalha aspectos da sua infância que a levaram a buscar esse modo de vida dedicado a essa abordagem metodológica:

Mónica: Olha, quando eu estava a dizer que começamos por aquela questão, não é? De contato direto, de experiência direta, porque a nossa base, da nossa infância, está na experiência direta, e temos marcados vários momentos eu e a Magda (cofundadora do Movimento Bloom) que nós vivemos e do que aprendemos, porque caímos, porque nos picamos em silvas, porque brincamos numa casa abandonada e nos picávamos imenso e arranjávamos estratégias de lá ir sem nos picar. E tudo o que nós fomos aprendendo por estarmos cá fora, sem consciência do que aprendíamos, porque éramos crianças, sem a consciência... Por ter consciência daquilo que nós aprendemos, sem ter consciência daquilo que estávamos aprendendo pela vivência que temos, e a resiliência que criamos uma data de situações, nós estamos conscientes, mais tarde enquanto adultos, que a natureza nos ensina imensas coisas. Pelo fato de estarmos cá fora aprendemos muito. E depois já, enquanto adultos, que é que queremos ensinar? Nós queremos ensinar conteúdos e passar informações aos miúdos, percebemos que, também pela experiência direta e pelo brincar, pela ligação emocional da brincadeira, os conceitos não ficam aqui (apontando para a cabeça), estás a perceber? Não ficam na cabeça, ficam cá dentro no coração, na alma, não sei, em outra zona, mas não ficam cá e não voam com o vento, ficam mesmo gravados. Aquelas experiências do Joseph (Cornell), da câmara e isso... as pessoas realmente acham que "ah, tirar uma fotografia" e a potência que aquilo tem porque que qualquer dia que queiras pensar na fotografia tu tens a fotografia, tens uma memória que foi registada com uma questão visual, mas que tá gravada dentro de ti. Essa fotografia está lá dentro. [...] na brincadeira, vale a tua curiosidade para além da tua criatividade. A curiosidade... onde está a tua curiosidade é onde está o teu interesse, onde tu vais querer saber, onde tu vais guardar, é onde tu vais explorar e onde está todas as matérias, não é? (Entrevista realizada no dia 4 de dezembro de 2018).

A curiosidade está naquilo que a criança (e o adulto) quer aprender, que a atrai. Esses pontos focais de atenção são os disparadores para a elaboração de projetos interdisciplinares que contemplem toda a gama de habilidades e competências exigidas para os jovens e as crianças à saída da educação básica e secundária.

Como forma de organizar as análises para este último capítulo, recorri a uma divisão de modo a destacar aqueles episódios que revelavam o quanto as práticas educativas na/para/com/pela Natureza estão baseadas no afeto, no contato direto entre educador/educando com a Natureza. Foi possível alcançar diversas camadas na leitura das imagens produzidas pelas crianças com a utilização dos materiais naturais. O sentimento de intimidade e proximidade entre sujeitos sociais de uma mesma comunidade escolar foi exposto de forma direta, ainda que permitisse aberturas para a leitura de metáforas do "pensamento visual" (Staccioli, 2011) das crianças. Num segundo momento, organizei algumas das respostas dadas por crianças e adultos às questões-síntese do trabalho — "o que é que aprendeste com a Natureza?" e "o que é que a Natureza te ensinou?". As respostas das crianças às perguntas feitas por adultos em contextos escolares provocam uma postura de buscar a resposta ideal, expectável, que agrade ao adulto, desviando as crianças de certa espontaneidade. Mas ainda assim, deste modo, pude destacar as respostas não tão protocolares, dadas em momentos de reflexão ou alegria, às questões citadas. Às adultas fiz as mesmas perguntas, e pude perceber um alinhamento entre as percepções das educadoras entrevistadas. Em síntese, para elas, com e pela Natureza pode aprender-se uma série de coisas, quase tudo o que há para aprender dentro do que é pressuposto pelo currículo nacional. Não obstante, para que se dê essa ligação, um elemento é fundamental: a curiosidade.

CONSIDERAÇÕES FINAIS

Esta investigação de natureza exploratória dedicou-se a perceber quais as potencialidades evidenciadas quando crianças e adultos se encontram em interação com a Natureza num contexto educativo. Foram realizadas entrevistas, diálogos e tomadas notas no campo. O objetivo das entrevistas foi de buscar perceber o que as crianças e os adultos sentiam e aprendiam, o que todos estavam desenvolvendo naquele instante de contato com a Natureza. Desse modo, não fazia muito sentido levá-las para uma sala fechada ou algum outro ambiente em que pudesse este investigador estar no controle das ansiedades. As descrições e observações anotadas no diário de campo compuseram o corpo deste trabalho. No fim de cada sessão do projeto da EF Bloom, as monitoras faziam um relatório composto pelo plano de trabalho e pelo que tinha sido realizado no dia. Como ferramenta para uma revisão detalhada, utilizávamos as fotos e vídeos que fazíamos durante a sessão para, em seguida, realizarmos uma avaliação de cada criança individualmente. Essa prática contribuiu muito para que fosse possível fazer uma expansão das notas de campo e, a partir daí, juntar as peças desse quebra-cabeças e dar corpo a este livro.

Em síntese, o trabalho proposto no projeto da EF Bloom não foi apenas no sentido de atuar *com* a Natureza e *para* ela apenas, como se nossas ações fossem generosas e salvadoras. Foi, sim, de refletir, para além das preposições na/para/com, analisando como as práticas educativas desencadeadas *pela* Natureza também fazem a ponte entre a escola e a floresta, constituindo sujeitos coletivos membros de uma coletividade não apenas humana, mas que envolve não humanos viventes também. Não será necessário que episódios tais como os ocorridos em Pedrógão Grande e Monchique[92], na Amazônia[93] e o óleo no nordeste brasileiro[94] se repitam para que se reacenda o debate sobre a importância de perceber o potencial educativo das florestas e da Natureza, para além das explorações econômicas e das limitações da Educação Ambiental e Educação para o Desenvolvimento Sustentável. O assunto urge[95], ainda que em Portugal e no Brasil não haja uma política que contemple o currículo escolar com atividades nas florestas. Precisamos de políticas educativas que implementem programas de educação na/para/com e pela Natureza em todas as escolas, que sejam a longo prazo para um mesmo grupo e não uma única visita; que ressaltem competências e habilidades como autoestima, autoconfiança, autorregulação, múltiplas inteligências (emocional, social, física, intelectual, espiritual, comunicacional, musical e estética); que tenham o foco na criança ou jovem aprendente de forma holística; que sejam realizadas por profissionais qualificados. Vivemos num contexto de emergência planetária, em que as infâncias são as primeiras a serem afetadas.

O desafio na constituição deste livro, a princípio, era o de investigar como uma floresta pública portuguesa poderia vir a ser "escola", ambiente no qual as crianças e os adultos pudessem desenvolver habilidades e competências dentro de um programa de práticas educativas na/para/com e pela Natureza. Um outro desafio maior, talvez para um outro trabalho, será o de perceber o conceito da floresta portuguesa como educadora, como sujeito, tal como nos países da comunidade andina da América Latina. Porém, essa perspectiva afasta-se dos decisores públicos, tendo em vista que 98% da área florestada em Portugal pertencem a privados (Louro, 2016). Caberá, portanto, aos proprietários das terras a participação nos debates sobre uso da terra e exploração ecológica pelas vias da ética ambiental ou da estética natural (Varandas, 2012). No Brasil, nosso desafio é manter a floresta de pé, lutando contra grileiros, erguendo os punhos contra a tese do Marco Temporal, defendendo a demarcação de terras indígenas, a titulação de quilombos, o reconhecimento dos assentamentos por reforma agrária e buscando caminhos para a produção de alimentos pela agricultura familiar a partir das agroflorestas sintrópicas. O desafio atual que se apresenta é aliar as lutas antirracistas, a lutas ambientais e as lutas pelas infâncias. Aí sim haverá contextos para uma relação humano-natureza não divorciada.

No primeiro capítulo deste livro, tentei trazer os referenciais teóricos que contribuíssem para a construção da Natureza como um sujeito. Desse modo, ao percebê-la como sujeito e não apenas como um lugar ou um ambiente passivo em que se atua *na* e *para*, foi possível levantar a ideia de Educação *pela* e *com* a Natureza. Para dar suporte a essas construções, a tese do desemparedamento da infância trazida pela professora Lea Tiriba (2018) foi de suma importância, pois representou um alicerce para apoiarmos a discussão sobre o conceito de Floresta~Escola e as práticas educativas em contexto de floresta. Muitos portugueses reconhecem que agem muito aquém do que deveriam para proteção e manutenção do ambiente (Almeida, 2004); por isso, programas educativos que promovam práticas desemparedadas na/para/com e pela Natureza precisam ganhar espaço, de maneira a despertar uma proatividade na população para esse sentido, de modo global, salvaguardando as especificidades de cada território, país e nação.

A produção acadêmica sobre o tema ainda não é densa e extensa o bastante para contemplar a ampla gama de matizes que compõem esse cenário. Dessa forma, a academia carece de investigações no sentido de buscar perceber as *nuances* das práticas educativas *na* e *para* a Natureza; *com* a Natureza; e *pela* Natureza. Não só as pesquisas sobre as práticas das educadoras para com as crianças, mas também as formas, os meios e os métodos que a academia utiliza para pesquisar *com* crianças *na* natureza. E, ainda, os conteúdos das formações de professoras e professores, os currículos das pedagogias e as análises dessas ações em campo. Com tantas iniciativas mapeadas em diversas zonas de Portugal e do Brasil apresentadas neste livro, que utilizam abordagens heterogêneas de acordo com o seu ecossistema, geografia e contexto social, poderá vir a ser um importante contributo para educadoras, escolas e famílias que as universidades, grupos de pesquisa e agências de fomento abordem o tema nas suas diferentes camadas.

No segundo capítulo deste livro, o esforço decorreu no sentido de caracterizar o terreno da pesquisa e, para isso, apresentei os modos de funcionamento da Escola Básica da Várzea de Sintra e do projeto da Escola da Floresta Bloom. Os desafios éticos de realizar uma pesquisa com crianças permitiram trazer o debate sobre as autorias e as autorizações das crianças para atuarem como participantes ativas da construção do conhecimento. A prática educativa na/para/com e pela Natureza faz ebulir uma profusão de afetos, aproximações e estreitamento de relações entre as crianças e seus pares; entre elas e nós, adultos; e entre nós humanos e a Natureza, trazendo a noção de família (biótica) como o pequeno Duarte afirmou. Essas questões fizeram a ponte para a elaboração da pergunta: o que é pesquisar *com* crianças *na* natureza?

Buscou-se responder à questão anterior trabalhando alguns pontos de cariz praxeológico. Há uma idiossincrasia entre pesquisar *com* crianças e pesquisar *com* crianças *na* natureza, pelo fato de que o desenvolvimento desses sujeitos de cultura se dá na relação com outras crianças, com adultos e com a Natureza. É preciso sujar-se, rolar o barranco, molhar-se, tocar em minhocas, insetos, observar aves, fazer silêncio. É preciso ser e demonstrar estar curioso e interessado em cada bolota, musgo ou folha que nos mostram, portanto, é preciso estar poroso aos afetos duradouros. É diferente pesquisar *com* crianças *na* natureza, na medida em que, durante uma entrevista, uma abelha nos rouba o foco (do pesquisador e da criança), um lagarto leva para longe o seu entrevistado, situações que fazem desse contexto único. Estar com crianças pesquisando na (e a) natureza é brincar enquanto se investiga, e também, como já expus no final do segundo capítulo e vale a pena retomar aqui: é dobrar o espaço-tempo do corpo na busca de um adulto menos adulto, é descortinar o adulto cartesiano em busca da criança sistêmica, é brincar para aprender, investigar para ensinar e vivenciar para brincar, tudo ao mesmo tempo. É ensinar-aprender pelos sentidos de modo que a investigação, muitas das vezes, se resume em interação. Desse modo, faz-me total sentido desemparedar a educação de infância em busca de práticas educativas que façam pontes entre o fora e o dentro, que ofereçam estímulos para desenvolver tanto as competências socioemocionais quanto as capacidades exigidas pelo currículo nacional dos países.

O terceiro capítulo, dedicado às "Potencialidades das Práticas Educativas na/para/com/pela Natureza", analisa dados gerados pelo campo organizados em três eixos. Esses eixos não foram elaborados previamente como hipóteses, mas surgiram a partir da análise das observações. As práticas educativas na/para/com/pela Natureza convocam todos os sentidos, não só a visão, de modo mais evidente, mas também o olfato, a audição, o tato, o paladar e todos os outros que ainda não nomeamos nos livros didáticos. Essas práticas são, ao mesmo tempo, holísticas e sistêmicas, pois evocam uma identificação simbiótica com o todo. Portanto, o primeiro eixo construído foi a "Educação dos/pelos sentidos", em que busquei percorrer os meandros das potencialidades que a Natureza revela para a compreensão não apenas dos sentidos fisiológicos do corpo, mas também dos sentidos que carregam a aprendizagem ao ar livre e dos caminhos que a Floresta~Escola está a percorrer. Como segundo eixo analisado, vimos também as "Práticas educativas como ponte entre a floresta e a escola". A característica da EF

Bloom permitiu-nos perceber que há diversas potencialidades quando as crianças se deslocam da escola até um parque natural e, também, quando dentro dos muros de uma escola, que tem uma grande área exterior, é possível dinamizar práticas utilizando as abordagens da Floresta~Escola. Entretanto, como afirmou a monitora Joana Barroso, quem faz essa ponte é a educadora, mas não só, pois as crianças também estão inseridas nessa construção. Por fim, o último eixo construído e abordado foi a respeito das "Práticas inclusivas na natureza", em que procurei trabalhar brevemente o tema da inclusão/integração educativa, por meio da observação de três casos em que crianças com necessidades educativas especiais interagiram na e com a floresta.

 Recupero aqui a imagem de Rares, uma criança com uma rara deficiência que, a determinado momento do projeto, se pôs a guiar a coordenadora da escola às cegas pela floresta. Uma metáfora poderosa a dizer-nos que todos nós precisamos de cuidados especiais, ainda que adultos, coordenadoras e educadoras. Aquele jogo de "descobrir a sua árvore" trouxe a Rares a certeza prática de que ele tem a competência para ajudar aquela que o ajuda no seu percurso escolar. Portanto, está na interação entre as crianças (com ou sem deficiências) e seus pares, entre as crianças e os adultos, e destes com a Natureza, a potencialidade das práticas educativas em ambientes naturais. As práticas educativas na/pra/com/pela Natureza colaboram para uma educação inclusiva e integradora. Observar a interação entre as crianças, delas com as árvores, com os insetos, com os desafios das trilhas, ajudou-me a perceber como essas práticas promovem a inclusão de crianças com deficiências.

 Por fim, no Capítulo 4, "A criança, o adulto e a Natureza", pretendi estabelecer as relações entre esses sujeitos referidos em contexto educativo. Para descrever essas relações, em que foram reveladas os afetos entre os participantes do projeto, recorri a um exercício de leitura de um conjunto de trabalhos estéticos que compuseram metáforas visuais sobre a experiência na Floresta~Escola. Foi por meio desse exercício que percebi que estava a entrar no mundo social das crianças, e que eu figurava, na expressão daqueles sujeitos sociais, como um par na relação ensino-aprendizagem, quando me percebi um adulto menos adulto. Na segunda parte desse capítulo, investi nas análises e reflexões em torno das perguntas surgidas no campo e dirigidas a crianças e adultos: o que é que a Natureza te ensina? E o que é que tu aprendes com a Natureza?

Ainda que eu não tenha respondido de forma objetiva, ao que eu aprendi com a Natureza ou ao que ela me teria ensinado, acredito que o percurso narrativo deste livro, organizado com contornos literários, levanta algumas pistas. Aprendi sobre afetos, aprendi a adentrar-me no mundo social das crianças e elas ensinaram-me a pulsar, a contrair e a expandir as atenções, o espaço-tempo. Posso dizer que me aproximei intimamente daquilo que cada um me disse ter aprendido e que a Natureza me ensinou cada coisa que pudemos ler que os participantes desta pesquisa afirmaram ter-lhes ela ensinado.

A expectativa com este livro é a de que este possa contribuir para o campo, trazendo uma percepção mais alargada das potencialidades da Natureza em contextos educativos, escolares, acadêmicos e sociais. As análises aqui propostas elucidam como as práticas educativas na/para/com e pela Natureza transbordam a relação ensino-aprendizagem, permitindo uma educação inclusiva, convocando as crianças para uma reconexão com a Natureza e promovendo competências socioemocionais que, ao meu ver, estão distantes de serem desenvolvidas com plenitude em ambientes emparedados e cimentados. O centro urbano com prédios altos e muita iluminação pública cerceou os humanos que aí vivem de um horizonte, tolhendo-os de projetarem ou sentirem a força do ciclo solar e lunar e, sobretudo, ofuscou-lhes o brilho das estrelas, de modo que raramente podemos refletir, de modo espontâneo, sobre a nossa pequenez no universo. Ainda agora que um louco colocou mais de 4 mil satélites orbitando o planeta, afetando drasticamente o nosso modo de ver e olhar para o universo longínquo. A ausência de árvores que não sejam ornamentais e o afastamento do viveiro de aves e insetos em nome de uma salubridade urbana fazem do aparecimento de uma borboleta um evento raro numa praça de uma metrópole. Portanto, concordo com Tiriba (2018) quando nos convoca para redesenhar os caminhos do conhecer, respeitar os desejos do corpo, ensinar-aprender a democracia, reconectarmo-nos com a Natureza e dizer não ao consumismo e ao desperdício. Esses princípios são basilares para uma educação desemparedada e, sobretudo, necessários às boas práticas educativas na/pra/com/pela Natureza.

Não poderia fechar este trabalho sem mencionar o fato de que muitos episódios, personagens e histórias vividas nas 200 horas de trabalho de campo não puderam ser trazidos para este livro. Ficou de fora um grande material que terá lugar, quem sabe, noutros contextos da minha trajetória acadêmica. Aqui, evidencio o marco de encerramento do meu ciclo, da travessia de um mestrado, mas não se encerrou a reflexão. Esta pesquisa foi permeada porosamente pela coexistência de múltiplos papéis num mesmo ator — fui educador, monitor, pesquisador, brincante e aprendiz. Aprendi com as crianças e com a Natureza. A escuta atenta ao que as crianças ofereciam deu-se muito em circunstâncias do constructo de relações de afeto, nas tensões das dinâmicas de campo... e as expansões das notas de campo reúnem, em certa medida, essas evidências.

Por fim, elegi a última nota do meu diário para encerrar este livro. Ela está no desfecho do meu diário de campo e representa uma síntese poética de todas as potencialidades que se podem manifestar numa situação de práticas educativas na natureza, quando tudo parece fugir do controle, quando o planejamento não serve de nada e quando temos que colocar em prova nossa capacidade de improviso e nossa resiliência. No último dia em que participei do projeto e, portanto, estive em campo para esta pesquisa, deu-se uma sequência de fatos esdrúxulos, exigindo-nos, às monitoras, uma alta dose de resiliência, somados à carga emotiva de afetos entre despedidas, abraços e lágrimas, que representam uma síntese idílica e literária para este desfecho. O texto do diário, apresentado a seguir, está repleto de metáforas. Metáforas sobre renovações de ciclo, sobre o fluxo das águas, sobre o fogo, sobre o masculino e o feminino.

Recorrer às notas do diário etnográfico para o encerramento deste trabalho é recorrer à metalinguagem usada por Francisco (Foto 19) quando se coloca dentro de seu próprio desenho e eu, assim, coloco-me dentro do meu próprio texto para, dessa forma, lançar uma última questão: por que não semear uma produção científica e colher uma produção literária?

Sintra, 16 de dezembro de 2018.

Notas sobre a minha última sessão na Escola da Floresta Bloom.

Antes de recebermos os miúdos, fomos lá acima, ao campo de base, para verificar as condições do espaço pois estava a ventar bastante e fortemente. Decidimos não ir para a floresta em função dos riscos gerados pela força do vento. Brincamos de lobo e cordeiro para despertar o entusiasmo. Guilherme chegou com um saco de bolotas e mostrou-nos. Disse-nos que foram as bolotas que ele tinha coletado durante as sessões. Quando abrimos o pacote, as bolotas estavam germinadas! Então, aproveitamos a ocasião e conversamos sobre as bolotas bebês, o processo de produção das plantas e a passagem do tempo. Guilherme ficou entusiasmado com a situação, afinal, ele tinha bolotas germinadas suficientes para que cada um dos colegas pudesse produzir uma muda e plantar uma árvore de carvalho. Ele também ajudou muito para que organizássemos o espaço para a sessão, levando algumas pedras para colocar sobre a lona no chão para que ela não voasse com o vento. Para não ficarmos o tempo todo dentro da sala da casa, propusemos produzir as lanternas lá fora. Então esticamos a lona na grama para nos sentarmos e assim começamos. Distribuímos os materiais e, no momento em que iríamos começar, um sinal de caos se apresentou. Eu estava a orientá-los no processo de confecção das lanternas, enquanto as colegas preparavam o salão para a cerimônia, quando começou a chover. Perguntei à Mónica se seria possível entrarmos para produzirmos as velas lá, ela diz-me para esperar um bocadinho, sem mais detalhes. Então, segundos depois, Mónica veio ao pé do meu ouvido e contou-me baixinho que tínhamos um alagamento no banheiro e que o ideal seria eu manter todos ali por algum tempo, e concentrados, até que elas controlassem a situação. Duas das privadas de um banheiro estavam entupidas e a água não parava de correr na descarga. Filipa e Mónica ficaram com a missão de escoar a água com a ajuda do senhor António e da Vanessa, funcionários da quintinha. No meio disso, acabou a energia do lugar e, no escuro, partiram-se três copinhos de vidro que estavam destinados a produzir as lanternas das crianças. Entretanto, havia uns copinhos reservas e nenhuma criança ficou sem. Se isso não constituir uma prova de resiliência, estou longe de perceber o que resiliência significa, então. Mas tudo se controlou, e a energia, por incrível que pareça, foi retomada ainda a tempo de seguirmos com a sessão. A luz voltou, a água escoou, a chuva parou, as lanterninhas ficaram prontas, o fogo na lareira aquecia-nos, então começamos a cerimônia das velas. Tudo num tempo imenso-mínimo de 15 minutos.

O final foi um momento de muitas despedidas. Alícia disse que vai sentir a minha falta, e a partir de então, ficou sempre ao pé de mim. Depois foram chegando Maria Inês, Inês e Kora para manifestarem o seu afeto e carinho. Alícia insistiu em saber por que é que eu tinha que ir. Eu disse-lhe que teria uma filha e que ela vai querer estar perto de mim, perguntei se ela não gostava de estar perto do pai, ela respondeu que sim, mas que ele trabalhava muito e ela ficava mais com a avó. Aí senti uma pontada de tristeza no assunto e começamos a falar de outras coisas. Imaginei um dia a minha filha a falar de mim com aqueles olhos mareados. Aprendi ali uma lição sobre como ser pai e a necessidade de ser e estar presente.

Já ao pé da porta do ônibus, Lara abraçou-me com os olhos cheios de lágrimas num choro profundo. Fiquei bastante surpreso. Perguntei-lhe o que houve e ela disse-me "é que não te vou ver". Esse gesto deixou-me profundamente emocionado e tocado. Ali chorei. Ela estava de fato sentida com as férias de final de ano e com a minha partida. Antes de partirem, entrei no ônibus para me despedir de todos e chegamos à conclusão de que tudo tem o seu ciclo, tem começo, meio e fim. E que, tal como eles não iriam ficar na escola para sempre, eu também precisava de terminar o meu "trabalho de escola". Portanto, acordamos que não seria um adeus, mas sim um até já.

POSFÁCIO

Floresta~Escola
(Mariana Benchimol)

Na escola eu aprendi
muitas coisas que alguém
considerou importante.
Curioso que ninguém
teve a intenção de saber
se o interesse é meu também.

Quem aguenta um dia inteiro
sentada em uma cadeira?
Numa sala emparedada,
chega dá uma tremedeira!
Eu me sinto enlatada,
quero uma fuga ligeira!

Não posso sair daqui,
mas se um dia eu pudesse,
criaria uma escola
onde, se você quisesse,
Natureza ensinaria
aquilo que não se esquece.

Rapidinho, eu aprenderia
que viver com alegria
depende de pés no chão,
de uma boa companhia,
do sol quente de manhã
e da água como guia.

Você acha que eu preciso
numa escola me enfadar,
encurralando ideias,
me deixando aprisionar
pela falta de mim mesma,
sem poder enraizar?

Quem foi mesmo que ensinou
um jeito de ser feliz
tão distante de nós mesmos,
cortando nossa raiz
de seres da natureza,
sem nossa força motriz?

Qual o real interesse
de docilizar os corpos,
desgastando nossas mentes
com ensinamentos mortos?
E, sem refletir a vida,
viramos sujeitos tortos.

A Floresta~Escola abre
caminhos pra um bem-viver.
Ela inspira a transformar
a relação com o aprender.
Humanos e não humanos
vão compondo esse saber.

Aprendemos com as folhas
e as sementes pelo chão.
Percebemos, sem querer,
uma forte união
entre nós e o que é vivo;
simplesmente, conexão.

A Floresta~Escola é
uma possibilidade
de muvuca de saberes
da nossa brasilidade
que conecta Portugal
e sua colonialidade.

Eu confesso que cansei
dessa escola emparedada!
Te convido a lutar
por uma vida regada
da essência do que somos:
Natureza encarnada.

REFERÊNCIAS

ASSOCIAÇÃO BANDEIRA AZUL DA EUROPA (ABAE). **Notícias TerrAzul**, ano 18, n. 35, ed. esp. Eco-Escolas, 2018. Disponível em: https://abae.pt/wp-content/uploads/2018/02/TA_EE_Sem2018_final.pdf. Acesso em: 23 jun. 2018.

ABRANTES, Pedro. **Os sentidos da escola**: identidades juvenis e dinâmicas da escolaridade. Lisboa: Celta Editora, 2003.

ADELSIN. **Barangandão Natureza**: 36 brinquedos inventados por meninas e meninos. São Paulo: Editora Zerinho ou Um, 2014.

ALBERT, Bruce; KOPENAWA, Davi; D'AGUIAR, Rose Freire (trad.). **O espírito da floresta**: a luta pelo nosso futuro. São Paulo: Companhia das Letras, 2023.

ALMEIDA, João Ferreira de (org.). **Os portugueses e o ambiente**: I Inquérito Nacional às Representações e Práticas dos Portugueses sobre o Ambiente. Oeiras: Celta Editora, 2000.

ALMEIDA, João Ferreira de (org.). **Os portugueses e o ambiente**: II Inquérito Nacional às Representações e Práticas dos Portugueses sobre o Ambiente. Oeiras: Celta Editora, 2004.

ALVES, José; CARVALHO, Sara; MEIRA-CARTEA Pablo A.; AZEITEIRO, Ulisses Miranda. Diagnóstico sobre equipamentos para a educação ambiental no Distrito de Lisboa. Aspectos Biofísicos e Socioculturais nos Projetos Educativos. **Captar**: Ciência e Ambiente para Todos, [s. l.], v. 4, n. 1, p. 72-91, 2003. Disponível em: https://repositorioaberto.uab.pt/bitstream/10400.2/2831/1/Diagn%C3%B3stico%20sobre%20Equipamentos%20para%20a%20Educa%C3%A7%C3%A3o.pdf. Acesso em: 6 jan. 2024.

ALVES, Rubem. **Conversando sobre Educação**: por uma educação sensível. Organização de Raquel Alves. Paço de Arcos: Edições Mahatma, 2018.

AZEVEDO, Ana Lucia. Categoria 6? Milton pode inaugurar nova classe de superfuracões. **O Globo**, 2024. Disponível em: https://oglobo.globo.com/mundo/clima-e-ciencia/noticia/2024/10/08/categoria-6-milton-pode-inaugurar-nova-categoria-de-superfuracoes.ghtml. Acesso em: 16 jan. 2025.

BARROS, Maria Isabel Amando de. **Desemparedamento da infância**: a escola como lugar de encontro com a natureza. Rio de Janeiro: Criança e Natureza e Alana, 2018.

BECK, Ulrich. **Sociedade de risco mundial**: em busca da segurança perdida. Lisboa: Edições 70, 2015.

BENTO, Gabriela. Infância e espaços exteriores – perspectivas sociais e educativas na atualidade. **Investigar em Educação** – II a Série, Minho, n. 4, p. 127-140, 2015. Disponível em: http://pages.ie.uminho.pt/inved/index.php/ie/article/view/103/102. Acesso em: 19 mar. 2019.

BETTENCOURT, Ana Maria; GOMES, Manuel Carvalho. **Nos trilhos dos Açores**: educação para a cidadania. Lisboa: Tinta da China Edições, 2014.

BILTON, Helen; BENTO, Gabriela; DIAS, Gisela. **Brincar ao ar livre**: oportunidades de desenvolvimento e de aprendizagem fora de portas. Porto: Porto Editora, 2017.

BLACKWELL, Sara. **Impacts of long term forest school programmes on children's resilience, confidence and wellbeing**. [*S. l.*]: Academia, 2015. Disponível em: https://www.academia.edu/13182036/Impacts_of_Long_Term_Forest_School_Programmes_on_Children_s_Resilience_Confidence_and_Wellbeing?email_work_card=view-paper. Acesso em: 30 abr. 2018.

BORBA, Angela Meyer. **Culturas da infância nos espaços-tempos do brincar**: um estudo com crianças de 4-6 anos em instituição pública de educação infantil. 2005. 298 f. Orientador: Cecília Maria Aldigueri Goulart. Tese (Doutorado em Educação) – Universidade Federal Fluminense, Niterói, 2005.

BOSA, Gabriel; MARTINS, Letícia. Cresce número de prefeitos indígenas eleitos no Brasil. **CNN Brasil**, 2024. Disponível em: https://www.cnnbrasil.com.br/eleicoes/cresce-numero-de-prefeitos-indigenas-eleitos-no-brasil/. Acesso em: 16 jan. 2025.

CANÁRIO, Rui. **O que é a Escola?** Um "olhar" sociológico. Porto: Porto Editora, 2005.

CAPRA, Fritjof. Ecoalfabetização: uma abordagem de sistemas à educação. *In*: ECOALFABETIZAÇÃO: preparando o terreno. Berkeley: Editora Margo Crabtree, 2000. p. 13-18.

CAPRA, Fritjof *et al*. **Alfabetização ecológica**: a educação das crianças para um mundo sustentável. São Paulo: Cultrix, 2006.

CARTA aberta à sociedade e a candidatas/os às eleições municipais, [2024?]. Disponível em: https://docs.google.com/forms/d/e/1FAIpQLSfk1ATdxkmoQYDS-7p47I7o96gVPjgSA5xW4cEhiRg-qhtXDdQ/viewform. Acesso em: 10 jan. 2025.

CARVALHO, Levindo Diniz. **Educação (em tempo) integral da infância**: ser aluno e ser criança em um território de vulnerabilidade. 2013. 200 f. Tese (Doutorado em Educação) – Universidade Federal de Minas Gerais, Belo Horizonte, 2013.

CAVALIERI, Lúcia; MELLO, Tatiana; TIRIBA, Lea. Notas de uma metodologia contracolonial teórico-brincante: encontros de educadoras e educadores a 'qual' distância?. **Rev. FAEEBA**, Salvador, v. 31, n. 66, p. 173-190, abr./jun. 2022.

CERTEAU, Michel. **A invenção do cotidiano**. Petrópolis: Editora Vozes, 1980.

CHRISTENSEN, Pia; JAMES, Alison. Diversidade e Comunidade na Infância: Algumas Perspectivas Metodológicas. *In*: CHRISTENSEN, Pia; JAMES, Alison (org.). **Investigação com crianças**: perspectivas e práticas. Porto: Escola Superior de Educação Paula Frassinetti, 2005a. p. 171-190.

CHRISTENSEN, Pia; JAMES, Alison (org.). **Investigação com crianças**: perspectivas e práticas. Porto: Escola Superior de Educação Paula Frassinetti, 2005b.

CLIFFORD, Amos. **O guia dos banhos de floresta**. Alfragide: Lua de Papel, 2018.

CORNELL, Joseph. **A alegria de aprender com a natureza**. São Paulo: Editora Melhoramentos, 1997.

CORNELL, Joseph. **Vivências com a Natureza**: guia de atividades para pais e educadores. São Paulo: Editora Aquariana/Ground, 2008.

CORSARO, William A.; MOLINARI, Luisa. Entrando e observando nos mundos das crianças: uma reflexão sobre a etnografia longitudinal da educação de infância na Itália. *In*: CHRISTENSEN, Pia; JAMES, Alison (org.). **Investigação com crianças**: perspectivas e práticas. Porto: Escola Superior de Educação Paula Frassinetti, 2005. p. 191-213.

COSTA, Simone André. **Projeto Globetrotter**: escolas e comunidades alternativas no mundo. Lisboa: Chiado Editora, 2015.

CURADO, Maria Fernanda de Souza. **A perceção dos professores relativamente ao impacto das AEC na vida e desenvolvimento das escolas**: um estudo do município de Vila Nova de Gaia. 2015. 167 f. Dissertação (Mestrado em Gestão de Recursos Humanos) – Instituto Politécnico de Gestão e Tecnologia, Vila Nova de Gaia, 2015.

DAVIS, John; WATSON, Nick; CUNNINGHAM-BURLEY, Sarah. Aprendendo as vidas de crianças com deficiências: desenvolvendo uma abordagem reflexiva. *In*: CHRISTENSEN, Pia; JAMES, Alison (org.). **Investigação com crianças**: perspectivas e práticas. Porto: Escola Superior de Educação Paula Frassinetti, 2005. p. 215-241.

DELICADO, Ana; GOLÇAVES, Maria Eduarda Os portugueses e os novos riscos: resultados de um inquérito. **Análise Social**, [s. l.], v. 184, p. 687-718, 2007. Disponível em: https://www.researchgate.net/publication/256492986_Os_portugueses_e_os_novos_riscos_Resultados_de_um_inquerito. Acesso em: 22 maio 2019.

EQUADOR. **Constitución de la República del Ecuador**. Quito: Registro Oficial, 2008. Disponível em: https://www.defensa.gob.ec/wp-content/uploads/downloads/2021/02/Constitucion-de-la-Republica-del-Ecuador_act_ene-2021.pdf. Acesso em: 14 jan. 2025.

FERDINAND, Malcom. **Uma ecologia decolonial**: pensar a partir do mundo caribenho. São Paulo: Ubu Editora, 2022.

FERNANDES, Natália. Ética na pesquisa com crianças: ausências e desafios. **Revista Brasileira de Educação**, [s. l.], v. 21, n. 66, p. 759-779, 2016. Disponível em: https://www.scielo.br/j/rbedu/a/jqNWVT4RX8dLfNjKbPgNVfj/?format=pdf&lang=pt. Acesso em: 7 set. 2019.

FERREIRO, Maria de Fátima Direito de propriedade e ética da Terra: o contributo de Aldo Leopold. **e- cadernos CES [On-line]**, 2009. Disponível em: http://journals.openedition.org/eces/260. Acesso em: 20 jun. 2018.

FREIRE, Paulo. **Pedagogia do Oprimido**. Rio de Janeiro; São Paulo: Paz e Terra, 1978.

FREIRE, Paulo. **Pedagogia da autonomia**: saberes necessários à prática pedagógica. São Paulo: Paz e Terra, 2013.

FRIEDMAN, Adriana. **A vez e a voz das crianças**. São Paulo: Panda Educação, 2020.

GADOTTI, Moacir. **Pedagogia da Terra**. São Paulo: Editora Fundação Peirópolis, 2000.

GOTSH, Ernst. **O renascer da agricultura**. Rio de Janeiro: AS-PTA, 1996.

GUDYNAS, Eduardo. **Direitos da natureza**: ética biocêntrica e políticas ambientais. São Paulo: Elefante, 2019.

GUTIERREZ, Francisco; PRADO, Cruz. **Ecopedagogia e cidadania planetária**. São Paulo: Cortez Editora, 2013.

HALAL, Christine Yates. Ecopedagogia: uma nova educação. **Revista da Educação**, Campinas, v. XII, n. 14, p. 87-103, 2009.

HARRISON, Patrick. Literacy in forest school: helping teachers and practitioners maximize their outdoor learning provision. **Greenbow Outdoor Learning Resource**, [s. l.], [2017?]. Disponível em: http://www.greenbow.co.uk/literacy/. Acesso em: 13 jan. 2018.

HARRISON, Patrick. **Making Woodland Crafts using green stick, rods, poles, beads, and string**. Stroud: Hawthorn Press, 2014.

HERNADEZ, Fernando. **Transgressão e mudança na educação**: os projetos de trabalho. Porto Alegre: Artmed Editora, 1998.

HEYCK, Denis. **Schools in the Forest**: how grassroots education brought political empowerment to the Brazilian Amazon. Sterling: Kumarian Press, 2010.

HUIZINGA, Johan. **Homo Ludens**. São Paulo: Editora Perspectiva, 2000.

IRELAND, Timothy Denis; SPEZIA, Carlos Humberto. **Educação de adultos em retrospectiva**: 60 anos de CONFINTEA. Brasília, DF: Unesco, MEC, 2012. Disponível em http://unesdoc.unesco.org/images/0023/002305/230540por.pdf. Acesso em: 14 jun. 2018.

JECUPÉ, Kaka Werá. **A terra dos mil povos**: história indígena do Brasil contada por um índio. São Paulo: Peirópolis, 2020.

JENKS, Chris. Investigação *zeitgeist* na infância. *In*: CHRISTENSEN, Pia; JAMES, Alion (org.). **Investigação com crianças**: perspectivas e práticas. Porto: Escola Superior de Educação Paula Frassinetti, 2005. p. 55-71.

KAMBEBA, Márcia Wayna. **Saberes da floresta**. São Paulo: Jandaíra, 2020.

KILPATRICK, William Heard. **Educação para uma civilização em mudança**. São Paulo: Editora Melhoramentos, 1997.

KNIGHT, Sara (org.). **International perspectives on Forest School**: Natural spaces to play and learn. Londres: Sage, 2013.

KOPENAWA, Davi; ALBERT, Bruce. **A queda do céu:** palavras de um xamã yanomami. São Paulo: Companhia das Letras, 2015.

KRAMER, Sonia. Autoria e autorização: questões éticas na pesquisa com crianças. **Cadernos de Pesquisa**, [s. l.], n. 116, p. 41-59, 2002.

KRENAK, Ailton. **Ideias para adiar o fim do mundo**. São Paulo: Companhia das Letras, 2019.

LATOUCHE, Serge. **Pequeno tratado do decrescimento sereno**. Coimbra: Edições 70, 2011.

LEOPOLD, Aldo. **Pensar como uma montanha**. Água Santa: Edições Sempre em Pé, 2008.

LOURO, Graça. **A economia da floresta e do setor florestal em Portugal**. Lisboa: Academia das Ciências de Lisboa, 2015.

LOURO, Victor. **A floresta em Portugal:** um apelo à inquietação cívica. 3. ed. Lisboa: Gradiva, 2016.

LOUV, Richard. **A última criança na natureza:** resgatando nossas crianças do transtorno do deficit de natureza. São Paulo: Aquariana, 2016.

LOUV, Richard. **O princípio da Natureza:** reconhecendo-se ao meio ambiente na Era Digital. São Paulo: Cultrix, 2014.

LOZANO, Hortencia Bustos. **La educación ambiental y las políticas educativas nacionales y globales para el nuevo bachillerato (2000-2011)**. 2011. 106 f. Tesis (Maestría en Gerencia Educativa) – Universidad Andina Simón Bolívar, Quito, 2011.

MAIA, Camila Mendes. **Ecossistemas de aprendizagem integrativos:** um olhar do design sobre a emergência de uma cultura sistêmica, regenerativa e evolutiva na educação. 2019. 190 f. Dissertação (Mestrado em Design) – Universidade de Brasília, Brasília, 2019. Disponível em: http://icts.unb.br/jspui/handle/10482/38066. Acesso em: 5 out. 2024.

MALINOWSKI, Bronislaw. **Os argonautas do Pacífico Ocidental**. São Paulo: Abril, 1984.

MANTOAN, Maria Teresa Égler. **Inclusão escolar:** o que é? por quê? como fazer?. São Paulo: Moderna, 2003.

MARQUES, Viriato Soromenho. Enquadramento da EDS. *In*: EDUCAÇÃO PARA O DESENVOLVIMENTO SUSTENTÁVEL, 2011, Lisboa. **Atas** [...]. Lisboa: Conselho Nacional de Educação, 2011.

MASSEY, Sam. **The benefits of a forest school experience for children in their early years**. [2010?]. Disponível em: https://www.forestschooltraining.co.uk/_webedit/uploaded-files/All%20Files/Research%20papers/Massey%20-%20benefits%20of%20FS%20Journal.pdf. Acesso em: 17 nov. 2018.

MARTINS, Leda Maria. **Performance do tempo espiralar**: poéticas do corpo-tela. São Paulo: Cobogó, 2021.

MAYALL, Berry. Conversando com crianças: trabalhando com problemas geracionais. *In*: CHRISTENSEN, Pia; JAMES, Alison (org.). **Investigação com crianças**: perspectivas e práticas. Porto: Escola Superior de Educação Paula Frassinetti, 2005. p. 123-141.

MAXAKALI, Isael; MAXAKALI, Sueli. Aldeia-Escola-Floresta. *In*: CARNEVALLI, Felipe *et al.* **Terra**: antologia afro-indígena. São Paulo: Ubu Editora, 2023. p. 307-318.

MENDONÇA, Rita. **Atividades em áreas naturais**. São Paulo: Ecofuturo, 2017.

MERÇON, Juliana *et al.* From local landscapes to international policy: contributions of the biocultural paradigm to global sustainability. **Global Sustainability**, [*s. l.*], v. 2, n. e7, p. 1-11, 2019. Disponível em: http://dx.doi.org/10.1017/sus.2019.4. Acesso em: 5 out. 2024.

MEREWETHER, Jane. Listening with young children: enchanted animism of trees, rocks, clouds (and other things). **Pedagogy, Culture & Society**, [*s. l.*], v. 27, n. 2, p. 233-250, 2019. Disponível em: https://doi.org/10.1080/14681366.2018.1460617. Acesso em: 1 jun. 2019.

MONTE, Nietta Lindenberg. **Escolas da floresta**: entre o passado oral e o presente letrado. Rio de Janeiro: Multiletra, 1996.

MOURAZ, Ana; MARTINS, Jorge; VALE, Ana. **Atividades de enriquecimento curricular**: qual o sentido da mudança? [*S. l.*]: Centro de Investigação e Intervenção Educativas, 2014.

MOVIMENTO DOS QUINTAIS BRINCANTES (MQB). **Quintais brincantes**: sobrevoos por vivências educativas brasileiras. Palhoça: Edição dos Autores, 2022.

NÉRI, Felipe. Participação de indígenas nas câmaras municipais cresce 32%. **G1**, 2024. Disponível em: https://g1.globo.com/politica/eleicoes/2024/noticia/2024/10/08/participacao-de-indigenas-nas-camaras-municipais-cresce--32percent.ghtml. Acesso em: 16 jan. 2025.

NEUMAN, Jan; DOUBALÍK, Petr. **Education and learning through outdoor activities**: games and problems solving activities, outdoor exercises and rope courses for youth programmes. República Checa: IYNF Duha, 2004.

OLIVEIRA, Fernanda Paula; LOPES, Dulce. **Florestas (algumas questões jurídicas)**. Lisboa: Almedina, 2018.

ORGANIZAÇÃO DAS NAÇÕES UNIDAS PARA A EDUCAÇÃO, A CIÊNCIA E A CULTURA (UNESCO). **Sessenta anos de CONFINTEAs**: uma retrospectiva. Brasília: Unesco, 2014.

PACHECO, José. **Escola da Ponte**: formação e transformação da educação. 6. ed. Petrópolis: Editora Vozes, 2014.

PACHECO, José. **Um compromisso ético com a educação**: transformação vivencial em comunidades de aprendizagem. Oeiras: Edições Mahatma, 2018.

PACHECO, José; EGGERTSDÓTTIR, Rósa; MARINÓSSON, Gretar L. **Caminhos para a inclusão**: um guia para o aprimoramento da equipe escolar. Porto Alegre: Artmed Editora, 2007.

PEREIRA, Maria Amélia Pinho. **Casa redonda**: uma experiência em educação. 2. ed. São Paulo: Editora Livre, 2019.

PIORSKI, Gandhy. **Brinquedos do chão**: a natureza, o imaginário e o brinca. São Paulo: Editora Peirópolis, 2016.

QUEIROZ, Eça de; ORTIGÃO, Ramalho. **O Mistério da Estrada de Sintra**. Lisboa: Europa-América, 1988.

QUIJANO, Anibal. Colonialidade do poder, eurocentrismo e América Latina. *In*: LANDER, Edgardo. **A colonialidade do saber**: eurocentismo e ciências sociais – perspectivas latino-americanas. Buenos Aires: CLACSO, 2005, p.117-142.

QUINTINHA de Monserrate. **Parques de Sintra**, [20--]. Disponível em: https://www.parquesdesintra.pt/pt/parques-monumentos/parque-e-palacio-de-monserrate/recantos/quintinha-monserrate/#:~:text=As%20planta%C3%A7%-C3%B5es%20incluem%20zonas%20de,abrigo%20para%20aves%20de%20capoeira. Acesso em: 16 jan. 2025.

QVORTRUP, Jens. Macro-análise da Infância. *In*: CHRISTENSEN, Pia; JAMES, Alison (org.). **Investigação com crianças**: perspectivas e práticas. Porto: Escola Superior de Educação Paula Frassinetti, 2005. p. 73-95.

REIGOTA, Marcos. **A floresta e a escola**: por uma educação ambiental pós-moderna. 2. ed. São Paulo: Cortez Editora, 2002.

ROUSSEAU, Jean Jacques. **Emílio**. Mira Sintra; Mem Martins: Publicações Europa América, 1990. v. 1.

RUFINO, Luiz. **Ponta-cabeça**: educação, jogo de corpo e outras mandingas. Rio de Janeiro: Mórula, 2023.

SANTOS, Antônio Bispo dos. **Colonização, quilombos**. Modos e significados. Brasília: Instituto de Inclusão no Ensino Superior e na Pesquisa, 2015.

SANTOS, Antônio Bispo dos. **A terra dá, a terra quer**. São Paulo: Ubu Editora, 2023.

SCHMIDT, Luísa; NAVE, Joaquim Gil; GUERRA, João. **Educação ambiental**: balanço e perspectivas para uma agenda mais sustentável. Lisboa: Imprensa de Ciências Sociais, 2010.

SCHMIDT, Luísa; TRUNINGER, Mónica; GUERRA, João; PRISTA, Pedro. **Primeiro Grande Inquérito sobre Sustentabilidade** – relatório final. Lisboa: Observa UL e ICS, 2016.

SENGE, Peter. **A quinta disciplina**: a arte prática da organização que aprende. Rio de Janeiro: Editora Best Seller, 2008.

SERRES, Michel. **O contrato natural**. Lisboa: Edições Piaget, 1990.

SIMAS, Luiz Antonio; RUFINO, Luiz. **Flecha no Tempo**. Rio de Janeiro: Mórula, 2019.

SILVA, José de Souza. La pedagogía de la felicidad en una educación para la vida. *In*: WALSH, Catherine (dir.). **Pedagogia decoloniales**. Prácticas Insurgentes de resistes, (re)existir y (re)vivir. Quito: Ediciones Abya Yala, 2013. p. 469-507.

SOARES, Carmem Lúcia (org.). **Uma educação pela natureza**: a vida ao ar livre, o corpo e a ordem urbana. Campinas: Autores Associados, 2016.

STACCIOLI, Gianfranco. As di-versões visíveis das imagens infantis. **Pro-Posições**, Campinas, v. 22, n. 2, p. 21-37, 2011.

TIRIBA, Lea. **Educação infantil como direito e alegria**: em busca de pedagogias ecológicas populares e libertárias. São Paulo: Paz e Terra, 2018.

TOKUHAMA-ESPINOSA, Tracey; BRAMWELL, Daniela. Educación ambiental y desarrollo sostenible. **Polemika**, Quito, ano 1, v. 5, p. 120-129, 2010. Disponível em: http://revistas.usfq.edu.ec/index.php/polemika/article/view/379/356. Acesso: 7 jun. 2108.

VARANDAS, Maria José. Estética natural e ética ambiental, que relação?. **Philosophica**, Lisboa, v. 39, p. 131-139, 2012.

WILLIAMS, Florence. **A natureza cura**. Lisboa: Bertrand Editora, 2018.

WOODHEAD, Martin; FAULKNER, Dorothy Faulkner. Sujeitos, objectos, participantes? Dilemas da investigação com crianças. *In*: CHRISTENSEN, Pia; JAMES, Alison (org.). **Investigação com crianças**: perspectivas e práticas. Porto: Escola Superior de Educação Paula Frassinetti, 2005. p. 1-27.

XAKRIABÁ, Célia. **O barro, o genipapo e o giz no fazer epistemológico de autoria Xakriabá**: reativação da memória por uma educação territorializada. 2018. 218 f. Dissertação (Mestrado Profissional em Sustentabilidade junto a Povos e Terras Tradicionais) – Centro de Desenvolvimento Sustentável, Universidade de Brasília, Brasília, 2018.

Sítios na internet

ACADEMIA DA ALEGRIA. Disponível em: https://pt-pt.facebook.com/academiadalegria/. Acesso em: 8 jan. 2018.

ASSOCIAÇÃO ESCOLA DA FLORESTA – Forest School Portugal. Disponível em: https://www.facebook.com/escoladaflorestapt/. Acesso em: 7 jan. 2025.

ASSOCIAÇÃO O Mundo Somos Nós. Disponível em: https://omundosomosnos.wixsite.com/projecto. Acesso em: 19 maio 2019.

ASSOCIAÇÃO PORTUGUESA PARA A CRIANÇA HIPERACTIVA. Disponível em: https://apdch.net/97/o-que-e-a-hiperactividade/. Acesso em: 19 jul. 2019.

ASSOCIAÇÃO QUESTÃO DE EQUILÍBRIO. Disponível em: http://www.questaodeequilibrio.org/2013/12/19/boletim-acime/#/. Acesso em: 8 dez. 2017.

AUTONOMIA e flexibilidade curricular. **Direção-Geral de Educação**, [2017?]. Disponível em: http://www.dge.mec.pt/autonomia-e-flexibilidade-curricular. Acesso em: 23 maio 2019.

BIEMANN, Ursula; TAVARES, Paulo. **Forest Law** – Floresta Jurídica. [*S. l.*: *s. n.*], 2015. Disponível em: https://cpb-us-e1.wpmucdn.com/sites.ucsc.edu/dist/0/196/files/2015/10/Biemann-Tavares-Forest-Law.compressed.pdf. Acesso em: 13 jun. 2018.

COMISSÃO FLORESTAL DA ESCÓCIA. Disponível em: http://scotland.forestry.gov.uk/images/corporate/pdf/woodsforlearning09.pdf. Acesso em: 8 dez. 2017.

DESCRIÇÃO do totem da Quintinha de Monserrate. **Parques de Sintra**, [20--]. Disponível em: https://www.parquesdesintra.pt/parques-jardins-e-monumentos/quintinha-de-monserrate/descricao/. Acesso em: 22 maio 2019.

ENTREVISTA com Joana Barroso e Mónica Franco para a revista Nheko. **Associação Escola da Floresta** – Forest School Portugal. 2018. Disponível em: https://www.nheko.pt/entrevistas/2018/11/25/escola-da-floresta-forest-school-em-portugal. Acesso em: 8 dez. 2017.

ESCOLA DA FLORESTA DA MADEIRA. Disponível em: https://www.facebook.com/Escola-da-Floresta-Madeira-383386052065877/. Acesso em: 19 maio 2019.

ESCOLA DA PONTE. Disponível em: http://www.escoladaponte.pt/novo/projetos/. Acesso em: 23 maio 2019.

ESTRATÉGIA Nacional para a Educação para a Cidadania. **Direção-Geral da Educação**, data. Disponível em: http://www.dge.mec.pt/educacao-para-cidadania. Acesso em: 8 dez. 2017.

ESTRATÉGIA para a Gestão das Matas Nacionais em Portugal. **ICNF**, data. Disponível em http://www2.icnf.pt/portal/florestas/matas-nacionais/resource/doc/relatorio. Acesso em: 25 jun. 2018.

FLORESTA-ESCOLA UBM. Disponível em: https://programagaia.com.br/portfolio-item/projeto-floresta-escola/. Acesso em: 2 fev. 2025

FOREST SCHOOL ASSOCIATION. Disponível em: https://www.forestschoolassociation.org/. Acesso em: 24 abr. 2019.

GREEN SCHOOL DE BALI. Disponível em: https://www.greenschool.org/. Acesso em: 8 dez. 2017.

HACKSCHOOLING makes me happy | Logan LaPlante | TEDxUniversityofNevada. [S. l.: s. n.], 2013. 1 vídeo (11 min). Publicado pelo canal TEDx Talks. Disponível em: https://www.youtube.com/watch?v=h11u3vtcpaY/. Acesso em: 8 dez. 2017.

KETI KETA. Disponível em: https://www.ketiketa.pt. Acesso em: 19 maio 2019.

MOVIMENTO BLOOM. Disponível em: http://www.movimentobloom.org.pt. Acesso em: 8 jan. 2018.

MUSEU DE ARTE, ARQUITETURA E TECNOLOGIA (MAAT). Disponível em: https://www.maat.pt/pt/eco-visionarios. Acesso em: 11 abr. 2018.

KAT6A Syndrome. **NORD**, [s. l.], 2023. Disponível em: https://rarediseases.org/rare-diseases/kat6a-syndrome/. Acesso em: 7 jan. 2025.

PACHECO, José. "A escola não é um edifício, são as pessoas", diz idealizador da Escola da Ponte. [Entrevista cedida a] Mariana Tokarnia. **Agência Brasil**, [s. l.], 2016. Disponível em: http://agenciabrasil.ebc.com.br/educacao/noticia/2016-04/escola-nao-e-um-edificio-sao-pessoas-diz-idealizador-da-escola-da-ponte. Acesso em: 8 dez. 2017.

PLAY BRINCAR PARA CRESCER. Disponível em: https://playbrincarparacrescer.wordpress.com. Acesso em: 19 maio 2019.

PROJETO-PILOTO de Inovação Pedagógica. **Direção-Geral da Educação**, 2016-2017. Disponível em: https://www.dge.mec.pt/ppip. Acesso em: 5 jun. 2019.

PROJETO GLOBETROTTER. Disponível em: https://projetoglobetrotter.weebly.com. Acesso em: 8 jan. 2018.

PROJETO INGAH. Disponível em: http://onossoingah.pt. Acesso em: 19 maio 2019.

PROJETO LIMITES INVISÍVEIS CASA DA MATA. Disponível em: http://limitesinvisiveis.pt. Acesso em: 1 jan. 2018.

PROJETO RAÍZES. Disponível em: https://projectoraizes.wordpress.com/category/palmela/. Acesso em: 19 maio 2019.

PROJETO TIPI NA TAPADA. Disponível em: https://pt-br.facebook.com/tipinatapada/. Acesso em: 19 maio 2019.

SHARING NATURE. Disponível em: https://www.sharingnature.com/flow-learning.html. Acesso em: 24 abr. 2019.

NOTAS

1. Usarei "Natureza" com maiúscula quando for referir-me a ela como sujeito e usarei "natureza" com minúscula quando se tratar de lugar, espaço ou ambiente.
2. Sobre a construção da grafia com hífen e o til, falarei mais à frente.
3. Curso oferecido pela Pedagogia Para Liberdade (PPL), polo da União Brasileira de Faculdades (UniBF) em Juiz de Fora. Mais informações em: https://www.pedagogiaparaliberdade.com/vivencia-formativa-floresta-escola. Acesso em: 19 mar. 2024.
4. O Centro Universitário de Barra Mansa foi adquirido pelo grupo Severino Sombra em 2024.
5. Na sociedade patriarcal, os escritores costumam evitar estranhezas como a menção ao termo "educadores(as)", utilizando o gênero masculino, perpetuando o sexismo na escola. Por coerência para com as referências que embasam esta pesquisa, utilizarei "educadoras", "monitoras" e o coletivo no feminino para referir ao grupo de profissionais que atuam na escola e no projeto, tendo em vista a preponderância das mulheres no contexto pesquisado.
6. Registro aqui meus agradecimentos à educadora de língua portuguesa e amiga Wanessa Quintiliano pelas horas de debate sobre este trabalho.
7. O contexto da pesquisa e o projeto da Escola da Floresta Bloom e da Escola Básica da Várzea de Sintra serão detalhados no Capítulo 2.
8. Escola pública criada em 1976 em Vila das Aves, freguesia do concelho de Santo Tirso e do Distrito do Porto no norte de Portugal.
9. Esses conceitos serão tratados em detalhes posteriormente por serem as principais abordagens utilizadas pela EF Bloom.
10. Isso também é aplicado pela Escola Básica da Várzea de Sintra, em cujo contexto se deu esta pesquisa.
11. Conceitos indígenas inseridos nas Constituições Federativas do Equador e da Bolívia, respectivamente, que significam *buen vivir*. Viver bem não significa viver de bens, de posse, pelo consumo.

12 Mais informações em: https://www.dge.mec.pt/sites/default/files/Curriculo/Projeto_Autonomia_e_Flexibilidade/despacho_5908_2017.pdf. Acesso em: 19 mar. 2019.
13 Mais informações em: https://www.forestschoolassociation.org/. Acesso em: 24 abr. 2019.
14 Mais informações em: https://www.sharingnature.com/flow-learning.html Acesso em: 24 abr. 2019.
15 Mais informações em: https://selvagemciclo.com.br/home/. Acesso em: 27 set. 2024.
16 O Furacão Milton é o mais devastador da história. Alcançou 300 km/h, atingindo o "suposto" nível 6 na escala de força de furações, nível este inexistente, pois a escala vai até 5, com ventos até 250 km/h (Azevedo, 2024).
17 De acordo com a FAO: 98% das florestas em Portugal pertencem a privados; na Europa, entre os 27 países, 59% são privadas; na Grécia, Polônia e Brasil, cerca de 80% das florestas são públicas. Na Rússia, a totalidade das florestas são de propriedade do Estado (Louro, 2016).
18 Disponível em https://www.icnf.pt/api/file/doc/1f924a3c0e4f7372. Acesso em: 30 jan. 2025.
19 Formulado por Félix Guattari em 1990.
20 Para informações sobre, ver: Disponível em: https://www.nheko.pt/entrevistas/2018/11/25/escola-da-floresta-forest-school-em-portugal e https://www.facebook.com/escoladaflorestapt/. Acesso em: 8 dez. 2017. Este autor integra o quadro de associados dessa associação.
21 "[...] quando enxerta-se conteúdos curriculares naquilo que deveria ser informal, perde-se a percepção de experiencial e torna-se "mais do mesmo". Além da "tentação" de assegurar um máximo de experiências educativas diversificadas muito próximas do experiencialismo exagerado que caracteriza a sociedade atual (Lipovetsky, 1989)" (Mouraz; Martins; Vale, 2014, p. 39).
22 Famoso jogo de palavras em italiano que diz "tradutor, traidor".
23 "O espaço realiza-se enquanto vivenciado, ou seja, um determinado lugar só se torna espaço na medida em que indivíduos exercem dinâmicas de movimento nele através do uso, e assim o potencializam e o atualizam. Quando ocupado, o lugar é imediatamente ativado e

	transformado, passando à condição de lugar praticado" (Certeau, 1980, p. 201).
24	Agradeço ao Prof. Dr. João Barroso, professor catedrático do Instituto de Educação da Universidade de Lisboa, que, em audiência em seu gabinete, orientou-me para perceber a tradução de modo a relacionar os substantivos por meio da utilização do hífen.
25	Tradução livre.
26	Mais informações em: http://scotland.forestry.gov.uk/images/corporate/pdf/woodsforlearning09.pdf. Acesso em: 8 dez. 2017.
27	Mais informações em: http://www.movimentobloom.org.pt. Acesso em: 8 jan. 2018.
28	Mais informações em: https://pt-pt.facebook.com/academiadalegria/. Acesso em: 8 jan. 2018.
29	Mais informações em: https://playbrincarparacrescer.wordpress.com. Acesso em: 19 maio 2019.
30	Mais informações em: http://onossoingah.pt. Acesso em: 19 maio 2019.
31	Mais informações em: https://omundosomosnos.wixsite.com/projecto. Acesso em: 19 maio 2019.
32	Mais informações em: https://pt-br.facebook.com/tipinatapada/. Acesso em: 19 maio 2019.
33	Mais informações em: https://www.ketiketa.pt. Acesso em: 19 maio 2019.
34	Mais informações em: https://projectoraizes.wordpress.com/category/palmela/. Acesso em: 19 maio 2019.
35	Mais informações em: https://projetoglobetrotter.weebly.com. Acesso em: 8 jan. 2018.
36	Mais informações em: https://www.facebook.com/Escola-da-Floresta-Madeira-383386052065877/. Acesso em: 19 maio 2019.
37	Mais informações em: https://www.youtube.com/watch?v=LZi06AqDibM. Acesso em: 28 set. 2024.
38	Mais informações em: https://www.instagram.com/florestaescola/. Acesso em: 28 set. 2024.
39	Mais informações em: https://www.acampamentovagalume.com.br/. Acesso em 28 set. 2024.

40   Mais informações em: https://www.instagram.com/kaeteeducadora/?locale=zh-hans&hl=am-et. Acesso em: 28 set. 2024.

41   Mais informações em: https://www.instagram.com/jardimdobeijaflorparaty/?igsh=c2E2MXdoNG5hdzI5. Acesso em: 28 set. 2024.

42   Mais informações em: https://www.instagram.com/projeto.viva.natureza/?igsh=a3k2aTI4c2szazN4. Acesso em: 28 set. 2024.

43   Mais informações em: https://www.instagram.com/pesnaterralab?igsh=bGF3YW81bGpuZDk=. Acesso em: 28 set. 2024.

44   Mais informações em: https://www.ressoardasinfancias.com.br/. Acesso em: 28 set. 2024.

45   Mais informações em: https://www.instagram.com/naturescer.educacao/. Acesso em: 28 set. 2024.

46   Mais informações em: https://www.instagram.com/cria.aventuras/?igsh=MXh5ams3ZGF4dHVhdw%3D%3D. Acesso em: 28 set. 2024.

47   Mais informações em: https://www.instagram.com/conhesendolafora/?igsh=eDVxNXF1MHQ3bHF2. Acesso em: 28 set. 2024.

48   Disponível em: https://www.instagram.com/escolaalecrimdaserra/?igsh=MTdwcm1tOHo5cnA4cg%3D%3D. Acesso em 28/09/2024.

49   Mais informações em: https://www.instagram.com/ikigaia.banhodefloresta/?igsh=YTluaTJwbTRoZWZo. Acesso em: 28 set. 2024.

50   Mais informações em: https://www.instagram.com/monica_passarinho/. Acesso em: 28 set. 2024.

51   Mais informações em: https://www.instagram.com/inglesnanatureza/. Acesso em: 28 set. 2024.

52   Mais informações em: https://www.instagram.com/quintal_educativo/. Acesso em: 28 set. 2024.

53   Mais informações em: http://www.lebem.org.br/. Acesso em: 28 set. 2024.

54   Mais informações em: https://www.escoladouradinho.com/. Acesso em: 28 set. 2024.

55   Mais informações em: https://lp.quintalobaoba.com.br/. Acesso em: 28 set. 2024.

56   Mais informações em: https://acasaredonda.com.br/. Acesso em: 28 set. 2024.

57 Mais informações em: https://www.instagram.com/jangadaescola/. Acesso em: 28 set. 2024.

58 Mais informações em: https://www.instagram.com/quintaisbrincantes/. Acesso em: 28 set. 2024.

59 Mais informações em: https://criancaenatureza.org.br/wp-content/uploads/2022/03/Quintais-Brincantes-Sobrevoos-por-Vivencias-Educativas-Brasileiras.pdf. Acesso em: 28 set. 2024.

60 Mais informações em: https://www.coloquioinfanciaplanetaria.com.br/. Acesso em: 28 set. 2024.

61 Disponível em: https://forestschoolassociation.org/history-of-forest-school/. Acesso em: 11 fev. 2025.

62 Mais informações em: http://www.dge.mec.pt/educacao-para-cidadania. Acesso em: 8 dez. 2017.

63 Mais informações em: https://www.youtube.com/watch?v=h11u3vtcpaY/. Acesso em: 8 dez. 2017.

64 Mais informações em: https://www.greenschool.org/. Acesso em: 8 dez. /2017.

65 "[...] parece implícito que as relações entre os seres humanos, bem como entre os seres humanos e a natureza, somente mudarão com base em processos de aprendizagem mútua [...] Embora a noção de sustentabilidade relativize a relação entre o ambiente humano e o ambiente natural, ela não prevê uma nova compreensão da natureza como sujeito de direitos" (Unesco, 2014, p. 68).

66 Jogo de palavras usado pelo artista Eduardo Marinho. Disponível em: http://observareabsorver.blogspot.com/. Acesso em: 19 set. 2019.

67 O acesso ao campo de pesquisa foi-me posto por meio de uma serendipidade. A coordenadora do projeto da Escola da Floresta Bloom, Mónica Franco, integrou a formação que fiz para líder em *Forest School* (*Level 3*) entre maio de 2017 e maio de 2018. Da equipe de monitoras da Escola da Floresta Bloom, Margarida Pedrosa, Joana Barroso, Mónica Franco e eu fizemos a primeira formação em Forest School na Costa da Caparica, ofertada pela GreenBow do UK com o formador Patrick Harrison. Filipa Meireles participou da formação seguinte e Mariana Pimentel é educadora Waldorf.

68 Mais informações em: http://www.escoladaponte.pt/novo/projetos/. Acesso em: 23 maio 2019.

69 O desenvolvimento da autorregulação da aprendizagem (trabalho autônomo) para essa escola está associado às chamadas competências de alto nível que assim estão no Projeto Educativo da EB da Várzea de Sintra 2016/2017 (p. 7): "gestão da informação (selecionar, absorver, organizar, partilhar, explorar o desconhecido e gerar novos conhecimentos); auto-organização (definir e estruturar objetivos próprios, estabelecer prioridades, gerir o tempo, estabelecer prioridades, auto-organização mental); interdisciplinaridade (compreender a interface entre os conhecimentos, sem deixar de aprofundar o conhecimento especializado); relação pessoal e interpessoal (conhecer-se a si próprio, estar sempre motivado, ser estável e tranquilo, ser cordial, ser social e ter espírito cooperativo); reflexão e avaliação (entender as situações como contextos de aprendizagem, portanto, geradoras de conhecimento; refletir; avaliar e avaliar-se; adaptar-se, responder e progredir); gestão do risco (aprender a estar só, ter pensamento de futuro, tomar decisões, gerir a ansiedade e aprender com os erros)".

70 Para Cornell (2008), a educadora que se interessar por inspirar crianças e jovens na natureza deverá, portanto, inspirar-se também nas seguintes recomendações para despertar um efetivo Aprendizado Sequencial e perceber os cinco aspectos de como ser uma eficiente educadora na Natureza: 1) ensine menos e partilhe mais; 2) seja receptivo; 3) concentre a atenção das pessoas; 4) observe e sinta primeiro, fale depois; 5) um clima de alegria deve prevalecer durante a experiência.

71 Mais informações em: https://www.institutoroma.com.br/. Acesso em: 28 set. 2024.

72 Agradeço ao querido amigo Adriano Nogueira por ter me apresentado a essa história.

73 Veremos alguns exemplos no Capítulo 3 por meio dos exercícios de "pintura de chão", do desenho livre, das construções de abrigos para os "seres mágicos".

74 O trabalho de Kramer (2002) refere-se a pesquisas etnográficas feitas com crianças em escolas e projetos de grande vulnerabilidade social, muitas das vezes em contextos violentos das favelas brasileiras, levando os pesquisadores ao dilema em relação ao tratamento dos dados coletados em campo. A exposição das imagens e identidades das crianças, ainda que autorizadas, poderiam trazer, naqueles estu-

dos, para além de um constrangimento, um enorme risco à vida dos envolvidos, pois foram apresentados relatos de violência na escola, informações sobre o funcionamento do tráfico de drogas, sobre o crime organizado e o cotidiano da violência policial nas favelas. O que não é o caso desta investigação.

75 Por este motivo, também optei por colocar meu nome "Rafael" ao invés do usual "investigador" nas transcrições dos diálogos, pois antes das crianças estarem a se relacionar e a conversar com o "investigador", elas brincavam e dialogavam com o "Rafa".

76 Nome fictício.

77 Medronho é o fruto do medronheiro, muito utilizado na produção de licores e ocorre em toda a bacia do Mediterrâneo.

78 Planta arbustiva rasteira com folhas agudas que espetam bastante.

79 Nome fictício.

80 Nome fictício.

81 Nome fictício.

82 Mais informações em: https://rarediseases.org/rare-diseases/kat6a-syndrome/. Acesso em: 22 jul. 2019.

83 Após o término do projeto, soube, por meio de minhas colegas de projeto, que alguns educandos da EB1 da Várzea de Sintra foram acampar na Quintinha de Monserrate, mas Rares não participou dessa aventura. O motivo não foi esclarecido.

84 Há na escola um grupo maior de crianças com necessidades educativas especiais que apresentaram, nalguma medida, um desenvolvimento alargado em relação às práticas educativas na/para/com/pela Natureza. Sobremodo, seria importante realizar uma pesquisa específica sobre essa questão no contexto da inclusão, o que não foi o caso da presente proposta.

85 Jogo de palavras criado pelo Coletivo Transverso, grupo de Brasília que se dedica à poesia de muro. Agradeço ao Cauê Novaes pela contribuição.

86 Essas questões percorreram meus caminhos durante alguns anos após a conclusão do mestrado. Até que eu tive a pachorra de trazer essas questões para Nego Bispo numa oportunidade formativa. Ele me respondeu então que as perguntas eram boas, mas não eram corretas. A pergunta correta seria: "como a Natureza me criou?", e ele

responde: "numa festa!" e faz alguns desdobramentos que espero discutir em trabalhos posteriores. A partir dessa interação com Nego Bispo, fiquei intrigado com o desenrolar da questão e decidi caminhar para o doutorado em Educação na Unirio, sob orientação da professora Lea Tiriba, com o intuito de percorrer essa e outras tantas questões sobre as infâncias em contextos de culturas ambientais e tradições ancestrais com povos originários, quilombolas, assentados e religiosos de matrizes africanas.

87   Quando chovia muito, estendíamos uma lona de 3x3 metros a fazer de cobertura, quatro crianças seguravam, cada uma numa das ponta e desta forma fazíamos a "tartaruga" com seu enorme casco a proteger-nos a todos.

88   Nome fictício.

89   Nome fictício.

90   A Escola da Ponte foi criada em 1976 e em 2018 mais de 100 escolas aderiram ao Programa Piloto de Inovação Pedagógica. Disponível em: https://www.dge.mec.pt/ppip. Acesso em: 5 jun. 2019.

91   Uma criança com deficiência que, de forma ingênua e tranquila, começou a banhar-se na ribeirinha da quintinha num momento de brincadeira com as outras crianças. Mas estava frio e o Sol estava já a se pôr.

92   Esta pesquisa teve início exatos quatro meses após os incêndios de grandes proporções deflagrados a 17 de junho de 2017 nas florestas do concelho de Pedrógão Grande, no distrito de Leiria, em Portugal. As chamas alastraram-se aos concelhos vizinhos de Castanheira de Pera, Figueiró dos Vinhos, Ansião (distrito de Leiria); ao concelho da Sertã (distrito de Castelo Branco); ao concelho de Pampilhosa da Serra e de Penela (distrito de Coimbra) fazendo centenas de vítimas fatais. No mesmo dia outro incêndio de grandes proporções ocorreu no concelho de Góis, distrito de Coimbra, alastrando-se aos concelhos de Pampilhosa da Serra e de Arganil. Apenas três dias depois, no dia 20 de junho de 2017 uma das frentes de fogo do incêndio de Pedrógão Grande juntou-se ao incêndio de Góis, formando uma área ardida contígua. O desastre foi o maior incêndio florestal em Portugal, o mais mortífero da história do país e o 11.º mais mortífero a nível mundial desde 1900. Em outubro do mesmo ano o norte português ardia sem fronteiras alastrando-se com a ajuda do furacão Ophelia

para a Galiza, na Espanha. Ao todo, em 2017, foram mais de 442 mil hectares de área ardida em Portugal. No ano seguinte, em agosto de 2018, foi a vez de Monchique, ao sul do país, arder por uma semana intensa. Esta investigação com crianças na natureza estava a ser construída enquanto as florestas portuguesas ardiam de norte a sul.

93 A parte final deste trabalho foi escrita e revista enquanto uma vasta área (30 mil quilômetros quadrados) de floresta Amazônica era palco de uma série de incêndios organizados por agricultores e grileiros de terras entre 16 de agosto (dia que ficou conhecido como "o dia do fogo") e 31 de agosto de 2019. A Amazônia avança por nove países da América do Sul: Brasil, Peru, Colômbia, Venezuela, Equador, Bolívia, Guiana, Guiana Francesa e Suriname, chegando a 5,5 milhões de quilômetros quadrados. No Brasil, ela ocupa 59% do território nacional, englobando nove estados: Acre, Amapá, Amazonas, Rondônia, Roraima, Mato Grosso, Pará, Tocantins e parte do Maranhão. Até o fechamento deste trabalho, em outubro de 2024, a Amazônia, o Pantanal e a Mata Atlântica continuavam a arder.

94 No dia 30 de agosto de 2019, foram registradas simultaneamente manchas de petróleo em diversas praias do vasto litoral nordestino brasileiro. O episódio atingiu 9 estados, 88 municípios e 280 localidades, representando o maior desastre ambiental da costa brasileira. Foi constatado que um navio petroleiro de bandeira grega teria sido o responsável pelo lançamento da substância. Apenas os custos arcados pelos poderes públicos Federal, Estadual e Municipal para a limpeza de praias e oceano foram estimados em mais de R$ 188 milhões.

95 A revisão deste texto foi feita em julho de 2024. Nesse ano, o Brasil testemunhou uma inundação sem precedentes no estado do Rio Grande do Sul, afetando 90% de seus municípios e em junho incêndios de proporções jamais vistas no bioma do Pantanal mato-grossense.